Verena Kast · Wege zur Versöhnung

Verena Kast

Wege zur Versöhnung

Kreuz

Inhalt

Vorwort

Es geht mir nicht um Verzeihen und Versöhnen als moralische Forderung, sondern als eine psychologische Fähigkeit, fast eine Kunst, die hohe Anforderungen an uns stellt. Verzeihen, sich versöhnen: Das sind keine psychologischen Kategorien. Und dennoch ging und geht es im Leben, aber ebenso in der Psychotherapie letztlich immer auch darum, sich mit sich selbst zu versöhnen, mit dem eigenen Schicksal, mit Menschen, die uns geschadet haben. Man spricht in der Psychotherapie eher davon, schwierige Lebenserfahrungen, wenn man sie durchgearbeitet hat, loszulassen, damit man sich wieder neu auf das Leben einlassen kann. Die Fähigkeit loszulassen aber ist verbunden mit der Fähigkeit, verzeihen und sich versöhnen zu können.

Verzeihen und sich versöhnen ist ein aktives Tun und erwächst aus einem Entschluss, durch den man aus der Position des bloßen Opfers herausfindet zu einer Position der Würde.

Was heißt es, sich zu versöhnen? Verzeihen meint, sich etwas zu versagen, den Anspruch auf Genugtuung oder Rache aufzugeben. Sich zu versöhnen bedeutet, eine Verfehlung, oder was wir für eine Verfehlung halten, schuldhaftes Verhalten, nicht mehr übel zu nehmen, sondern zu verzeihen und darüber hinaus wieder eine vertrauensvolle Verbindung herzustellen, auch wenn man nicht weiß, ob diese Verfehlung nicht erneut vorkommen wird. Das ist eine wichtige Voraussetzung. Natürlich hofft man, dass die Verfehlung nicht wieder geschieht, aber man kann es nicht wirklich wissen, und man darf es auch nicht wirklich erwarten. Es ist ein Brückenschlag über einen Abgrund hinweg – und alle wissen um den Abgrund, lassen aber diesen Abgrund nicht mehr das Leben bestimmen.

Indem man sich entschließt, sich zu versöhnen, leistet man einen großen Vertrauensvorschuss. Man ist großzügig, großherzig. Man bietet wieder eine vertrauensvolle Verbindung an, bei der Kränkungen, Ressentiments, Hass und Groll hinter sich gelassen werden. Sich zu versöhnen ist nicht nur eine Gabe an den Missetäter oder an die Missetäterin, es ist vor allem eine Gabe an den Versöhnungswilligen selbst: Etwas, was verdorben schien, kann wieder gutgemacht werden. Ob die versöhnlichen Gesten angenommen werden, ist dann eine andere Frage. Gegenseitige Versöhnung ist auch ein gegenseitiges Geschenk.

Zur Versöhnung müssen wir uns entschließen. Wir können sie nicht fordern, aber vielleicht fördern. Sich versöhnen ist mehr als verzeihen, beruht aber auf dem Verzeihen. Um verzeihen zu können, muss man die Verletzung wahrnehmen, den Ärger oder die damit verbundene Scham spüren, und sich erholen, aber auch verstehen, warum es zu dieser Situation gekommen ist. Das Mehr bei der Versöhnung besteht in der Entschlossenheit, diese Beeinträchtigung hinter sich zu lassen und sich dem anderen Menschen wieder in Liebe oder allenfalls in Respekt zu verbinden. Wir können einem Menschen verzeihen, ohne dass wir wiederum in eine Beziehung zu ihm oder zu ihr eintreten, ohne dass wir uns wirklich versöhnen.

Einander zu verzeihen und sich zu versöhnen bewirkt eine Entlastung. Die Beziehung kann wieder gelebt werden, man kann sich wieder aufeinander verlassen. Das ist gerade im Umgang mit alltäglichen Ängsten eine wichtige Erfahrung.

Bieten wir Versöhnung an, so verlangen wir eine noch größere Leistung vom anderen: Er oder sie soll auf Hass und Rache verzichten. Die Versöhnung ist dialogisch: Beide bringen eine Leistung, beide vergessen nicht, dass sie einander verziehen haben und dass sie wieder »neu« miteinander beginnen. Dieser Entschluss zum Neuanfang ist sehr wichtig. Sich zu entschuldigen und zu verzeihen – das ist unser eigener Entschluss, zu dem wir kommen können. Bei der Versöhnung ist es etwas schwieriger: Dieser Neubeginn hat, wie jeder Neubeginn, etwas Schöpferisches, was von keinem der beiden wirklich »gemacht« werden kann, es muss sich ereignen.

Wenn wir uns versöhnen können, dann sind wir nicht nur mit uns selbst wieder einverstanden, sondern auch mit dem anderen, neue Zuneigung kann entstehen, eine Liebe wieder aufblühen. Wir sind dann in einem weiteren Zusammenhang auch wieder grundsätzlicher einverstanden mit dem Leben: Wir erfahren, dass auch etwas, was heillos verstrickt zu sein schien, wieder heil werden kann. Das ist eine gute Erfahrung, die wir verinnerlichen und die uns dazu verhilft, Konfliktsituationen auch in der Zukunft – wenn nicht positiver – so zumindest offener zu beurteilen.

Sich ärgern und streiten

Um herauszufinden, wie man einander verzeihen und sich versöhnen kann, müssen wir uns zunächst mit dem Entzweien auseinander setzen, mit Ärger und Streit.

Werden Menschen in ihrer Selbsterhaltung und/oder in ihrer Selbstentfaltung gestört und beeinträchtigt, dann reagieren sie ärgerlich oder wütend.

Körperlich und psychisch sind wir Menschen Träger und Trägerinnen von Wert und Würde. Wir müssen dafür sorgen, dass wir in unserer Identität und in unserer Integrität nicht beeinträchtigt werden. Das ist ein Aspekt unserer Selbstsorge. Wir müssen für unsere unverletzte Integrität wenn immer möglich einstehen. Wir erwarten aber auch von unseren Mitmenschen, dass sie uns diese zugestehen. Das Gefühl des Ärgers weist uns darauf hin, dass diese Integrität oder das Ausweiten unserer Identität, also unsere unverwechselbare Individualität in Gefahr ist und dass wir Abhilfe schaffen müssen.

Angriffe auf die Selbsterhaltung

Unter den Angriffen auf unsere Selbsterhaltung verstehen wir zum einen körperliche Angriffe, Übergriffe. Psychisch sind es vor allem Angriffe auf unser Selbstkonzept und auf unser Selbstwertgefühl, die Ärger auslösen: Wenn Menschen uns beschämen, wenn wir nicht wahrgenommen werden, etwa in einer Leistung, die wir gebracht haben, wenn wir Neid ernten, statt der Akzeptanz, die wir erwarten, wenn uns der Respekt versagt wird, wenn wir für unseren Geschmack ungerecht kritisiert oder abgewertet werden, wenn wir uns ausgenutzt fühlen oder Anforderungen der Mitwelt als ungerechtfertigt hoch erleben, belogen und betrogen werden. Dieses und vieles andere mehr kann uns in unserer Selbsterhaltung und in unserer Selbstentfaltung beeinträchtigen und unseren Ärger wecken.

Ärger ereignet sich, wie alle Emotionen, zwischen den Menschen, aber auch in uns selbst. Wir können uns auch über uns selber ärgern. Etwa, weil wir einen Fehler gemacht haben, der uns innerlich immer weiter beschäftigt, weil wir vielleicht etwas nicht so perfekt gemacht haben, wie wir es uns vorgenommen haben.

All das Ärgerliche, was Mitmenschen uns antun können, das können wir uns auch selber antun: Wir können es auch verfehlen, uns selber wahrzunehmen mit unseren Bedürfnissen und Stärken, auch mit den Bedürfnissen unseres Körpers. Wir können uns selber ausbeuten, oder wir lassen es zu, dass wir ausgebeutet werden. Wir versagen uns eine Freude. Der meiste Ärger, so sagen die Menschen, entsteht dadurch, dass wir etwas nicht gut genug gemacht haben, dass wir alles andere als perfekt waren, weil wir uns so schlecht mit uns selbst versöhnen können.

Verhinderte Selbstentfaltung

Wir Menschen ärgern uns auch, wenn wir aktiv sein, Ideen verwirklichen und etwas durchsetzen wollen und sich uns zu viele Widerstände entgegenstellen. »Das geht doch nicht, das ist zu schwierig, das macht zu viel Arbeit, das ist zu teuer, das ist doch illusorisch ...«

Aber auch, wenn die Welt nicht so will, wie wir es wollen, werden wir ärgerlich: Dinge, die nicht zu ändern sind, eine Zugverspätung, ein Computer, der gerade im falschesten Moment »streikt«. Auch hier werden wir auf unsere Grenzen zurückgeworfen: Wir müssen Grenzen akzeptieren und auch Abschied nehmen von unserer Selbstbezogenheit.

Werden unsere Grenzen nicht respektiert, dürfen wir unsere Grenzen nicht ausweiten, dann reagieren wir mit Ärger und oft auch mit ärgerbedingter Aggression. Das Problem des Sich-Ärgerns besteht darin, dass wir einem anderen Menschen und seinen Taten oder Unterlassungen einen großen Einfluss auf unsere Befindlichkeit einräumen. Wir halten wütende innere Zwiesprache mit einem Missetäter, wachen mit einem Gefühl des Ärgers und der Ohnmacht auf, wälzen uns schlaflos – und der Missetäter oder die Missetäterin wissen gar nicht, was sie in uns angerichtet haben. Wir ärgern uns darüber, dass wir uns so ärgern. Deshalb ist es wichtig, auf eine Weise mit der Verletzung und dem Ärger umzugehen, dass wir uns innerlich wieder davon befreit fühlen.

Die Dynamik des Ärgers

Wir Menschen ärgern uns intensiver, wenn das Ärger auslösende Motiv als böswillig decodiert wird, wenn Ärger auslösende Mitmenschen als rücksichtslos oder böswillig, willkürlich und destruktiv erlebt werden. In diesem Zusammenhang gibt es eine Interaktion mit dem Selbstwertgefühl, wie es überhaupt eine Beziehung zwischen Sich-

Ärgern und dem Selbstwertgefühl gibt: Haben wir habituell ein besseres Selbstwertgefühl, werden wir die Absichten unserer Mitmenschen wohlwollender einschätzen und den anderen Menschen also weniger rasch Böswilligkeit attestieren.

Menschen ärgern sich auch mehr in Beziehungen, die ihnen wertvoll sind. Natürlich ärgert man sich am Arbeitsplatz, aber der Ärger mit dem Lebenspartner, der Lebenspartnerin, mit den eigenen Kindern ist existenzieller. Das leuchtet ein: Menschen, denen wir uns nahe fühlen, Menschen, die wir lieben, dürfen mehr Grenzen bei uns überschreiten als andere, uns weniger nahe Menschen. Gerade deshalb sind wir aber auch besonders verletzbar, wenn diese Menschen unsere für sie und nur für sie geltenden Grenzen verletzen, denn diese sind unserem innersten Kern viel näher und können uns im Zentrum unseres Wesens treffen. Dass wir uns in diesen nahen Beziehungen mehr ärgern, dient diesen Beziehungen. Wir können dann den entstandenen Ärger und das damit verbundene Problem nicht so leicht wegstecken, sondern es muss in die Verantwortung genommen werden, damit die Beziehung auch weiter bestehen kann.

Wir Menschen stehen immer zwischen der Betonung unserer Eigenpersönlichkeit, dem individuellen Selbst, und der Wichtigkeit von Bindung, von Bezogenheit, dem Bedürfnis, sich anderen Menschen zugehörig zu fühlen. Dem individuellen Selbst können wir in der Auseinandersetzung gerecht werden, dem Beziehungsselbst, aber auch dem »Wir«, dem Bedürfnis nach Bindung und Zugehörigkeit durch das Verzeihen und das Versöhnen.

Die Abwehr von Ärger

Die meisten Menschen haben Strategien, um die Eskalation von Ärger und Aggression zu hemmen. Das ist einerseits wünschenswert: Denn es ist problematisch, wenn man bei jedem kleinsten Ärger in Versuchung gerät, sich mit anderen Menschen zu prügeln oder sie verbal anzugreifen. Andererseits ist es problematisch, wenn wir den Ärger in seiner moderaten Form, in der er durchaus auch ausgedrückt werden kann, ohne dass der Ärgerempfänger allzu sehr unter Druck gerät, nicht mehr wahrnehmen. Durch die Ärgerhemmung werden aber auch Verletzungen in ihrer Bedeutung nicht mehr wahrgenommen; wir verstehen dann nicht mehr, warum wir zum Beispiel verstimmt sind, und ob diese Verstimmung in unserem eigenen Urteil berechtigt ist oder nicht.

So hemmt zum Beispiel unsere Verachtung den Ärger. Verachtend erheben wir uns über den Menschen, der uns geärgert hat. Meistens wird er in unseren Ausdrücken auch noch depersonalisiert; wir sprechen dann von »Flaschen« und von »Kotzbrocken« oder finden weitere beleidigende Ausdrücke.

Weiter wehren wir Ärger und Aggression ab, indem wir sie projizieren: Wir selber sind keineswegs feindselig, feindselig sind die anderen. Wir geraten durch diese Projektion allerdings in die mit Angst verbundene Opferrolle – aggressiv sind die anderen. Diese sind allerdings auch in der Lage, etwas zu gestalten und ihre Situation zu verändern.

Man kann sich auch mit dem Angreifer oder der Angreiferin identifizieren, um sich nicht ärgern zu müssen, und zum Beispiel behaupten, man könne für jeden Angriff und jede Beleidigung auch dankbar sein, nur so entwickle man sich und komme weiter. Menschen, die so argumentieren, haben nur dann ein Gefühl für die eigenen Grenzen, wenn sie von anderen in die Grenzen gewiesen werden. Sie akzeptieren, was immer der andere oder die andere über sie sagt, sie lassen sich selber im Stich.

Man kann die Wut auch verschieben: Statt den Sohn brüllt man den Hund an. Es gibt noch viele solcher Möglichkeiten, den Ärger nicht wirklich zur Kenntnis zu nehmen und ihn vor allem nicht an der richtigen Stelle, beim Problem, das Ärger ausgelöst hat, bewusst zu erleben und damit verantwortlich umzugehen.

Auch die so genannte passive Aggression soll uns daran hindern, unseren Ärger wahrzunehmen und den Konflikt auszutragen. Die passive Aggression zeigt sich zum Beispiel darin, dass man einem anderen Menschen einfach nicht zuhört, aber vorgibt zuzuhören. Würde man einem Menschen ins Gesicht sagen: »Ich höre dir jetzt nicht mehr zu«, würde das als recht aggressiv eingestuft. Wenn das Gegenüber aber »auf Durchzug« geschaltet hat, nichts mehr aufnimmt, was wir aber zunächst nicht wissen können, so wird dieses Gegenüber sich nicht als aggressiv verstehen. Es ist ja nicht offen aggressiv – kein böses Wort fällt!

Passive Aggressionen setzen wir ein, weil wir Streit vermeiden wollen. Ein guter, produktiver Streit entsteht dadurch in der Tat selten, aber eine unheilschwangere Atmosphäre, in der niemand mehr so richtig weiß, was eigentlich gespielt wird. Es entsteht eine ärgerliche, aber auch durch Ohnmacht bestimmte Atmosphäre, nicht selten verbunden mit einer gegenseitigen unausgesprochenen Verachtung, die wieder zu neuen Verletzungen führt. Der offene Konflikt wird zwar vermieden, aber die Probleme werden dadurch auch nicht sichtbar. Die Verletzungen werden nicht wahrgenommen, man kann sich nicht mit ihnen auseinander setzen. Man meint, im Dienste der Beziehung verantwortlich zu reagieren, und verhindert gerade dadurch eine wichtige Beziehungserfahrung, die im guten Streiten möglich wäre.

Schuldgefühle

Ärgern wir uns, so sind wir überzeugt, uns sei Unrecht geschehen, und dieses Unrecht müsse getilgt werden. Der Mensch, der uns Unrecht getan hat, soll es wieder gutmachen, soll die Sache, um die es geht, wieder in Ordnung bringen. Es soll wieder Gerechtigkeit hergestellt werden. Diese Überzeugung bringen wir zum Ausdruck, in dem wir unseren Ärger deutlich machen und die vermisste Fairness – gelegentlich ziemlich lautstark – reklamieren. Der Kontrahent, die Kontrahentin weiß dann, was angemahnt wird, kann sich entschuldigen, wird vielleicht auch mit Schuldgefühl reagieren: Es tut ihm oder ihr Leid – und oft wird dann die Frage gestellt: Wie kann ich es wieder gutmachen? Was brauchst du, damit das wieder in Ordnung kommt?

Der Mensch, der sich ärgert, kann sich aber auch verstimmt zurückziehen und gibt dadurch zum Ausdruck, dass etwas ganz und gar nicht in Ordnung ist. Im Unterschied zum offen angesprochenen Ärger wird nicht klar, was eigentlich vorgefallen ist. Ist man Verursacher oder Verursacherin einer solchen Verstimmung, dann weiß man nur, dass man etwas falsch gemacht hat, dass man etwas in Ordnung bringen sollte, aber man weiß oft nicht, worum es eigentlich genau geht. Ist man begabt für Schuldgefühle, wird man auf eine vorwurfsvolle oder leidende Miene mit einer Mischung aus Schuldgefühlen und Ärger reagieren und sich Mühe geben, je nachdem welche Emotion vorherrscht, die Sache wieder zu bereinigen oder aber selber ärgerlich werden oder sich ebenfalls in sich zurückziehen.

Die meisten Menschen haben ein Unrechtsbewusstsein. Wenn wir wahrnehmen, dass wir einem anderen Menschen etwas angetan haben, was unseren moralischen Maßstäben nicht entspricht, reagieren wir mit Schuldgefühlen und mit Reue und bieten in irgendeiner Form Wiedergutmachung an. Gelegentlich ärgert sich aber jemand über uns und wir sind uns keines Fehlverhaltens bewusst, das den Ärger für uns nachfühlbar macht. Das kommt sogar recht häufig vor. Dann wird es schwierig. Man kann nicht einfach eine

Schuld, die einem zugewiesen wird, ohne Prüfung der Situation übernehmen. Denn es gibt Menschen, die mit leichter Hand anderen die Schuld zuschieben, um sich selbst nicht schuldig fühlen zu müssen, oder einfach, weil sie überzeugt sind, selbst immer alles richtig zu machen. Alles, was nicht richtig ist, ist dann die Schuld von anderen Menschen. Sie delegieren ihren Schatten. Dennoch reklamieren sie Schuldgefühle, verlangen deutliche Zeichen der Reue und wollen eine Entschuldigung. Aber gerade diesem Begehren kann man nicht entgegenkommen, wenn man sich und seine Gefühle in der Situation ernst nimmt, weil man sich keiner Schuld bewusst ist. Manchmal hilft die Frage, warum man sich jetzt schuldig fühlen sollte.

Schuldgefühle sind unangenehme, quälende Gefühle. Man hat etwas falsch gemacht, man ist Schuld daran, dass ein anderer Mensch beeinträchtigt ist. Schuldgefühle haben den Sinn, uns darauf hinzuweisen, dass wir etwas wieder gutmachen müssen, dass wir etwas in die Verantwortung nehmen müssen. Wir wollen aber auch Unrecht sühnen, Ungerechtigkeit wieder in Gerechtigkeit überführen und uns dabei auch versöhnen. Vielleicht, weil man die befürchtete Rache abwenden möchte, vielleicht, weil es ein tiefes Bedürfnis ist, die Sache wieder ins Reine zu bringen und sich mit dem Menschen, mit dem man einen Konflikt hat, zu versöhnen.

Das Gewissen wird als eine innere Stimme verstanden, die uns sagt, dass etwas nicht in Ordnung ist. Andere Menschen mögen ein bestimmtes Verhalten akzeptieren, aber wir selber fühlen, dass es so nicht stimmt. Die Schuldgefühle, die von der Stimme des Gewissens verursacht sind, die »Gewissensbisse«, sind schwerer zu ertragen. Gerade diese Gewissensbisse sind deutlich verbunden mit Scham, einer Scham darüber, dass man hinter den eigenen Werten zurückgeblieben ist. In diesen Zusammenhängen packt uns die Reue darüber, dass wir uns verhalten haben, wie wir uns verhalten haben.

Das Gewissen ist verbunden mit den prosozialen Gefühlen: Wir ärgern uns nicht nur über andere Menschen, sondern wir lieben sie auch, wir wollen ihnen Gutes tun, vor allem aber wollen wir sie meistens nicht in ihrem Lebensgefühl beeinträchtigen. Wir haben auch die Fähigkeit zur Empathie: Wir wissen, wie sich etwa eine schwere Kränkung anfühlt, denn wir können uns emotional in einen anderen Menschen einfühlen und wir wissen zudem kognitiv, welche Gedanken und welche Fantasien dadurch ausgelöst werden. Aber gerade die Tatsache, dass wir uns in einen anderen Menschen einfühlen können, bedeutet nicht, dass wir ihn oder sie notwendigerweise gut behandeln. Wir können ihm oder ihr schaden wollen, und das tun wir dann auch, selbst wenn wir das hinterher bedauern mögen. Wenn der Mensch frei ist, dann ist er auch frei, Gutes oder Böses zu wollen.

Unser Ärger und unsere prosozialen Gefühle sollten ausbalanciert werden. Um das zu können, müssen wir auch um unsere eigenen schwierigen Seiten wissen und sie in der jeweiligen Situation auch anerkennen: Wir müssen um unseren Schatten wissen.

Der Schatten

Das Konzept des Schattens nach C. G. Jung ist von großer Bedeutung für das Verstehen von Ärger und für das Verzeihen und das Versöhnen.

Dieses Konzept geht davon aus, dass wir Menschen uns gern etwas besser präsentieren, als wir sind, dass wir in unserer Selbstdarstellung unserem Ideal von uns selbst, aber auch dem Ideal unserer Mitmenschen genügen wollen. Das bedeutet nun aber, dass wir immer auch Seiten haben, die wir nicht zeigen, die wir auch vor uns selbst nicht wahrhaben wollen. Alle die Seiten, die wir an uns nicht akzeptieren können, weil sie unserem Ideal von uns selbst nicht entsprechen, werden Schattenanteile genannt. Der Schatten ist nicht inhaltlich bestimmt. Man kann zum Beispiel nicht sagen, Geiz sei ein Schattenaspekt, obwohl es vielen von uns so vorkommen mag, weil für uns großzügig zu sein ein Wert ist, den wir in unserem Leben verwirklichen wollen. Es kann aber auch sein, dass Geiz für jemanden ein Wert ist, den er oder sie verwirklichen will. Der Schatten erschließt sich vom Ideal her, von den Werten her, die wir in unserem Leben realisieren wollen.

Der eigene Schatten ist nun ausgesprochen lästig, der Schatten der anderen Menschen, oder das, was wir für ihren Schatten halten, hingegen sehr spannend. Wir interessieren uns für schattenhaftes Verhalten unserer Mitmenschen. Die Regenbogenpresse lebt von unserem Interesse daran. Der Schatten der anderen Menschen hat etwas Vitalisierendes, besonders wenn es um den Schatten von solchen Menschen geht, von denen man erwartet, dass sie keinen Schatten haben, wie etwa kirchliche Autoritäten, Politiker und Politikerinnen usw.

Aber auch in unseren eigenen Schattenseiten verbergen sich oft vitale Seiten, die – etwas domestiziert – unser Leben möglicherweise sehr viel lebendiger machen können. Im Schatten steckt oft das, was wir nicht leben durften, weil wir doch ein gutes Mädchen oder ein guter Junge sein wollten. Auf jeden Fall gehört der Schatten zu uns, ist ebenso ein Aspekt unserer Persönlichkeit, ein etwas schwieriger zunächst.

Um diese Seiten können wir wissen; dann sind sie uns unangenehm, lästig, peinlich und wir versuchen, sie zu kontrollieren oder auch zu verdrängen. In der Regel wehren wir den Schatten ab, projizieren ihn auf die Mitmenschen. Diese sind dann lieblos oder verschwenderisch oder neidisch – wir doch nicht! Wir projizieren unsere Schattenseiten auch auf den Partner oder auf die Partnerin. Da ist es dann plötzlich nicht mehr klar, wer in einem Beziehungssystem eigentlich kleinlich, wer destruktiv ist. Und gelegentlich sind wir sehr zerfallen mit unseren Partnern und Partnerinnen und reklamieren Veränderung, wo wir uns selber verändern müssten. Bloß sehen wir das in diesem Moment nicht.

Reagieren wir schattenhaft und wir nehmen es wahr, dann ist es uns peinlich. Wir bereuen unser Verhalten, dann schämen wir uns. Diese Schattenseiten können uns aber auch weniger bewusst sein – und dann begegnen wir ihnen im Traum. Wir träumen dann von Personen, die wir als ausgesprochen »verschattet« wahrnehmen, von Menschen, die wir kritisieren, die uns unangenehm sind.

Der Schatten kann uns auch unbewusst sein: Wir sind uns selbst immer auch fremd. Das Fremde in unserer Psyche ist uns unheimlich, es löst Angst aus und es fasziniert. Gerade in einer Beziehung sind fremde Aspekte des Partners oder der Partnerin etwas Belebendes, etwas, das die Faszination immer auch wieder erwachen lässt – aber manchmal eben auch die Angst, dann etwa, wenn ein Partner, eine Partnerin in seinem oder ihren Verhalten so ganz und gar fremd geworden ist.

Entsprechend seiner Idee, dass es nicht nur ein persönliches Unbewusstes gibt, sondern auch ein kollektives, dass wir Menschen nicht nur Einzelwesen sind, sondern eben auch menschlich, wie alle anderen Menschen auch, und dass wir als Einzelne auch in der Kultur der Menschheit gründen, an ihr Anteil haben und sie nutzen können für unser individuelles Leben, spricht C. G. Jung auch von einem kollektiven Schatten. Wir alle haben auch Anteil an all dem Schattenhaften, das in der Welt geschieht. Sind Menschen destruktiv – und hier würde nun der Schatten inhaltlich bestimmt –, dann beeinflusst uns diese Destruktivität, auch wenn wir an ihr nicht direkt Anteil haben. Schon Plato sagte, dass der Anblick von Hässlichem Hässliches in der eigenen Seele wecke. In Konfliktsituationen geht es immer auch um Schatten. Können die Beteiligten ihre Schattenanteile sehen, ist es leichter, zu verzeihen und sich zu versöhnen.

Gerechtigkeit brauchen

Wenn wir uns streiten, wenn wir einen Konflikt haben mit anderen Menschen, dann empfinden wir etwas als ungerecht und wir reklamieren Gerechtigkeit. Die Gerechtigkeit hat vor allem mit dem anderen Menschen zu tun: Es ist eine prosoziale Haltung.

Es gibt die Gerechtigkeit nicht: Man muss sie immer wiederherstellen. Dabei unterscheidet man zwischen der Legalität, der Gerechtigkeit, die dem Recht entspricht, und der Egalität, der Gleichheit, etwa dem gerechten Aufteilen von Gütern. Demgemäß verstand Plato Gerechtigkeit so, dass jeder Mensch seinen Anteil bekommt, dass jedem sein Platz zusteht und dass nicht der Stärkste siegt – man also der Macht gehorcht.

Weil es bei der Gerechtigkeit um die Ausgewogenheit der Interessen geht, um einen redlichen Tausch oder um die Vergleichbarkeit von Tauschobjekten, kann die Waage als Symbol für die Gerechtigkeit stehen. Es ist also keineswegs einfach klar, was gerecht ist. Gerechtigkeit muss immer wieder neu angestrebt und gefunden werden.

Gerechtigkeit meint auch, der Versuchung zu widerstehen, sich über die anderen zu stellen. Es geht in der Tat um eine Mitte: Weder ist die Maßlosigkeit der Nächstenliebe gefordert, noch die Maßlosigkeit des Egoismus erlaubt. Wir haben ein Gefühl für Gerechtigkeit. Sind wir in Gefahr, jemanden über den Tisch zu ziehen, haben wir ein Schuldgefühl. Oder aber diese Haltung konkurriert mit der in unserer Gesellschaft so hoch angesehenen Haltung, clever zu sein, klüger zu sein als der andere, sich unter der Hand einen Vorteil zu verschaffen, das Eigenwohl über das Gemeinwohl zu stellen und all das als Klugheit zu bezeichnen. Auch wenn es in unserer Gesellschaft so scheint, als sei das Dominieren-Wollen über den anderen Menschen »selbstwertdienlich« und es insgeheim bewundert wird, haben wir trotzdem immer noch einen Sinn für Gerechtigkeit bewahrt. Wir reklamieren die Gerechtigkeit zwar stärker, wenn wir uns selber ungerecht behandelt fühlen – und sind auch sehr rasch bereit anzunehmen, wir seien schlecht behandelt worden. Unsere eigenen ungerechten Absichten scheinen wir locker auf die anderen Menschen zu projizieren und sie dort dann zu fürchten. Haben wir aber ungerecht gehandelt, dann erleben wir Schuldgefühle und auch Scham. Handelt ein Mensch uns gegenüber ungerecht, ärgern wir uns und wir mahnen Gerechtigkeit an. Es ist ungerecht, wir fühlen uns betrogen, etwas zwischen den Menschen ist aus dem Gleichgewicht geraten – die Waagschale hat sich auf eine Seite gesenkt. Die Ordnung ist zerstört, man muss die zerstörte Ordnung wiederherstellen, etwas wieder gutmachen, so dass man sich letztlich versöhnen kann. Menschen, die eher zur Versöhnung bereit sind, wählen auch fairere Strategien, um ihre Konflikte zu lösen. Wer die Gerechtigkeit im Auge behält, sich um sie bemüht, ohne im Vorhinein schon eindeutig zu wissen, was denn Gerechtigkeit ist, scheint versöhnlicher zu sein.

Reue erleben

Zeigen wir in einer Konfliktsituation Reue, wird uns eher verziehen. Gelegentlich entwischt uns ein Satz, den wir lieber nicht gesagt hätten. »Hätte ich doch nicht …! War ich denn von allen guten Geistern verlassen, als ich diesem Menschen ungeschminkt die Wahrheit ins Gesicht gesagt habe, oder zumindest das, was ich für die Wahrheit halte, und ihn damit gekränkt habe?« Wir haben ein Schuldempfinden: Wie gern würden wir etwas, das wir jetzt als Verfehlung sehen, was wir moralisch verurteilen, rückgängig machen – aber es ist nicht mehr rückgängig zu machen. Selbstvorwürfe, Hadern mit sich selbst, Zerknirschung, Scham, Enttäuschung über uns selbst – all das macht die Erfahrung von Reue aus. Es gibt keine Entschuldigung: Reue empfinden wir dort, wo wir weit hinter unseren moralischen Möglichkeiten geblieben sind. Für einen Moment hat man den moralischen Standpunkt, den man jetzt wieder gefunden hat, verloren. Deshalb gibt es keine Entschuldigung und gilt auch keine Entschuldigung. Führt jemand mildernde Umstände an, dürfen diese nicht angenommen werden.

Reue handelt von Zerrissenheit: Es ist die Trauer darüber, dass wir für einen Moment unseren moralischen Standpunkt verloren haben, dass wir unserem Schatten verfallen sind. Es ist auch die Trauer darüber, dass wir Menschen – alle Menschen – diesen Abgrund des Schattens haben, ihm trotz bester Absichten verfallen können und damit auch anderen Menschen unbeabsichtigt, oder auch einmal beabsichtigt, wehtun.

Schuld können wir sühnen, die Reue kann nicht ausgelöscht werden. Wir können uns aber mit uns versöhnen, damit versöhnen, dass wir schattenhaft reagiert haben. Unsere Mitmenschen erwarten von uns, dass wir Reue zeigen. Sie sind eher bereit, uns zu verzeihen, wenn wir Reue zeigen und damit zum Ausdruck bringen, dass wir die Schwere unseres Vergehens gegen die Mitmenschlichkeit eingesehen haben. An der Reue wird uns deutlich, was es heißt, ein Mensch zu sein, der auch einen Schatten hat. Natürlich entschuldigen wir uns – und vielleicht wird diese Entschuldigung auch angenommen. Aber die Reue bleibt, die Scham auch.

Scham zulassen

In einem Konflikt, der auch in einen Streit ausarten kann, geht es oft um Beschämung und um die Abwehr dieser Beschämung durch Wut. Daran ist zu denken, wenn wir versöhnlicher werden wollen.

Scham ist die Angst, bloßgestellt zu werden, in einem Kern gesehen zu werden, der nur für uns selbst bestimmt ist. Wenn wir uns schämen, haben die Mitmenschen unsere Grenzen ganz entschieden überschritten, sind uns unter die Haut geraten, bis an unseren Kern vorgedrungen. Die Scham ist eine sehr unangenehme Emotion. Wenn wir uns schämen, würden wir uns am liebsten in einem Mauseloch verkriechen, wir wären dankbar, wenn der Boden uns verschlingen würde. Diese Bilder zeigen uns, dass wir vor lauter Scham am liebsten nicht mehr existieren würden, zumindest nicht für die Augen der anderen. Wir projizieren den verachtenden Blick auf unsere Mitmenschen – sie schauen uns mit verachtenden, uns zerstörenden Augen an.

Scham kann aber auch in mitmenschlichen Beziehungen immer wieder erlebt werden: »Schäme dich!« ist ein Ausspruch, den viele von uns aus der Kindheit kennen, etwa, wenn wir uns zu ausgelassen, zu provozierend, zu »schamlos« gebärdet haben. Und auch als Erwachsene fangen wir gelegentlich einen Blick eines Mitmenschen auf, der uns sehr deutlich sagt, dass wir uns jetzt eigentlich schämen müssten. Wenn die Scham kein Thema aus der Kindheit ist, wenn sie keinen lebensgeschichtlichen Überhang hat, werden wir diese Blicke gelassen ertragen und die Situation selber bewerten und unser Verhalten allenfalls kontrollieren. Standen wir aber schon als Kind unter dem Eindruck, dass es immer wieder Menschen gibt, die uns beobachten, die nur darauf warten, dass wir uns schamlos verhalten, dann haben wir diesen »bösen Blick« verinnerlicht. Wir selber beobachten uns immer wieder mit diesem bösen Blick und verurteilen uns, schämen uns.

Nun hat die Scham durchaus auch ihren Sinn. Würden wir uns nicht gelegentlich schämen, so wären wir wohl unverschämt, würden uns schamlos benehmen, würden uns schamlos bereichern. Das geschieht ja auch. Das Schamgefühl ist also ein Schutz: Als Takt, als Dezenz, als Diskretion zeigt es sich in seiner Funktion, weder dem anderen Menschen, noch sich selber zu nahe zu treten, niemanden bloßzustellen.

Die Scham steht im Dienste des richtigen Maßes: Was können wir uns nehmen im Leben, wie weit können wir uns zeigen, wie weit müssen wir uns einpassen, anpassen?

Wenn wir uns zu sehr zeigen von unseren guten Seiten, können wir damit auch den Neid der Mitmenschen provozieren. Scham und Neid interagieren miteinander: Verdirbt uns jemand die Freude, vielleicht aus Neid, dann schämen wir uns. Wenn wir uns freuen, zeigen wir uns in einer glückhaften Weise. Etwas ist besser, schöner, befriedigender, als wir erwarten konnten, ein Grund zur Freude, und diese Freude drücken wir auch aus. Wir kontrollieren uns weniger als üblich, stehen mehr zu uns. Wir möchten, dass die anderen Menschen sich gemeinsam mit uns freuen, wir möchten, dass sie mit unserer Freude in Resonanz treten.

Nicht jeder lässt sich aber so leicht von der Freude eines anderen Menschen anstecken. Sie kann Neid auslösen. Da geht es einem anderen Menschen so viel besser als uns selber, dabei hätten wir es doch verdient... Natürlich kann man auch traurig darüber sein, dass man die Freude nicht teilen kann. Sind wir aber neidisch und drücken wir diesen Neid auch aus, dann umgibt uns eine Atmosphäre des Neides statt eine Atmosphäre des Gönnens, und das kann auf den Menschen zurückwirken, der sich freut. Eine häufige Reaktion ist Scham: In der Freude haben wir zu viel von uns gezeigt, haben uns zu sehr exponiert, einen anderen Menschen damit neidisch gemacht – und dieser hat uns durch seinen Neid in die Schranken gewiesen. Das löst oft Scham aus, die wir gegebenenfalls rasch mit Ärger abwehren, von der Scham sprechen wir dann aber nicht. Vom Neid auch nicht.

Mit Schuldgefühlen umgehen

Wie wir mit unserem Schuldgefühl umgehen, hat einen großen Einfluss auf Konfliktsituationen. Im aggressiven Umgang mit Schuldgefühlen werden diese projiziert: Nicht ich bin schuld, du bist schuld! Du ganz allein. »Wäre meine Frau nicht so rechthaberisch, so wäre ich viel versöhnlicher und weniger verletzend.« Menschen, die ihre Schuld an andere delegieren, stehen unter dem inneren Druck, perfekt sein zu müssen, aber auch Recht haben zu müssen um jeden Preis. Diese Menschen können außerdem nicht sehen, dass bei einem Konflikt zwei Menschen interagieren und man gelegentlich, wenn Wut gegen Wut anbrandet, ein Verhalten zeigt, das man nicht gezeigt hätte, wenn man sich nicht hätte provozieren lassen.

Der depressive Umgang mit Schuldgefühlen zeigt sich ebenfalls darin, dass nicht gesehen wird, dass zwei Menschen miteinander ein Problem haben und auch emotional aufeinander eingewirkt haben: Man fühlt sich ganz allein schuldig, ganz und gar schuldig – und man schämt sich zutiefst. Wahrscheinlich ist es etwas leichter, Schuldgefühle zu ertragen als Schamgefühle, da die Schamgefühle uns als ein Nichts erleben lassen. Gefühle der Scham beeinträchtigen unser Selbstwertgefühl sehr. Dann hat man doch lieber Schuldgefühle, die in sich zudem den Hinweis tragen, dass man etwas auch wieder gutmachen kann. Ob man die Schuld projiziert oder sie so ganz und gar übernimmt und sich zusätzlich noch schämt, nichts wird in die Verantwortung genommen, die Schuldgefühle werden abgewehrt.

Bei diesen beiden Formen der Abwehr haben wir es mit Dominanz und Unterwerfung zu tun. Ein Mensch will über den anderen Menschen dominieren, es geht nur noch um Macht, um Recht-

Haben. Es gibt jeweils einen Angreifer, eine Angreiferin und ein Opfer. Beide versuchen auf ihre Weise, das beeinträchtigte Selbstwertgefühl wiederherzustellen. Das ist eine Notreaktion. Dass man auch streiten und so die Beziehung verändern und das lädierte Selbstwertgefühl wiederherstellen könnte, kommt einem gar nicht in den Sinn.

Wenn wir ein Schuldgefühl erleben, erleben wir Angst und Ärger: Angst, bestraft zu werden, mit irgendwelchen Sanktionen rechnen zu müssen, zum Beispiel die Zuneigung eines Partners oder einer Partnerin zu verlieren, aber auch Angst, sich schämen zu müssen, bloßgestellt zu werden. Diese Angst wehren wir mit Wut ab. Nicht selten kämpft eine ängstliche mit einer ärgerlichen Stimme. Aber meistens gibt es einen benennbaren und erlebten Konflikt, der nicht einfach wegdiskutiert werden kann. Da wir auch dem Partner oder der Partnerin gegenüber empathisch sind und das Problem offen liegt, versuchen wir uns klar zu machen, welches Problem in die Verantwortung genommen werden muss und kann. Das ist die Form der Wiedergutmachung. Denn – so zeigt es die Reue – die Zeit kann nicht zurückgedreht werden, man kann das Unrecht vielleicht ein wenig umdeuten, beschwichtigen, aber man kann es nicht aus der Welt schaffen.

Es ist sinnlos, sich in Schuldgefühlen zu verzehren. Schuldgefühle haben den Sinn, uns zu zeigen, dass wir eine Grenze überschritten haben, die entweder die Mitmenschen uns nicht erlauben zu überschreiten oder wir uns selbst nicht erlauben. Und sie zeigen uns, dass dieses Handeln eine destruktive Wirkung hatte. Wir müssen also unser Verhalten verändern.

Natürlich wird der angegriffene Mensch eine Entschuldigung erwarten, vielleicht auch einen Hinweis darauf, dass man es eigentlich nicht so gemeint hat, dass es einem wirklich Leid tut, man deshalb auch zerfallen ist mit sich selbst. Aber ohne die deutliche Absicht, das Problem wirklich anzusehen und sich zu fragen, wie man in der Zukunft verantwortlich mit diesem Problem umgehen kann, bleiben diese Bekenntnisse Lippenbekenntnisse. Auch wenn man miteinander herausarbeitet, was in die Verantwortung genommen werden muss, heißt das noch nicht, dass es einem auch in Zukunft gelingt, sich anders zu verhalten. Die Idee, dem anderen nur dann zu verzeihen, wenn er oder sie verlässlich Besserung verspricht, zeugt von wenig Menschenkenntnis.

Die Wirkungsgeschichte der Verstrickung

Konfrontiert man sich mit den eigenen Schuld- und Schamgefühlen, dann wird man sich fragen, wie man aufeinander eingewirkt hat, dass es zu einer Eskalation von Ärger, von aggressiven, beleidigenden, destruktiven Handlungen gekommen ist.

Gerade in engen menschlichen Beziehungen, in Liebesbeziehungen, sind die Beteiligten ja nicht angetreten, um einander zu bekriegen und sich gegenseitig zu beschämen, sondern um einander zu einem guten Leben zu verhelfen. Deshalb ist die Frage, was denn geschehen ist, dass man so destruktiv miteinander umgeht, eine wichtige Frage. Geht man dieser Frage nach, erinnert man sich auch an die frühe Zeit der Beziehung und daran, dass diese Beziehung eine Geschichte hat und einmal eine Liebesbeziehung war, in der viele gute Erfahrungen möglich waren. In jeder Beziehung ist wesentlich mehr als das, was den aktuellen Konflikt ausmacht. Diese Erinnerungen relativieren die aktuellen Schwierigkeiten: nicht in dem Sinne, dass sie verharmlost werden, aber doch so, dass deutlich wird, dass die Beziehung nicht nur aus Konflikten besteht. Eine solche Einsicht hebt aber sofort wieder die Grundstimmung und das Selbstwertgefühl, und man kann sich wieder besser in den anderen Menschen einfühlen. Dann ist man auch bereit, miteinander zu rekonstruieren, wie der aktuelle Hauptkonflikt im Laufe des Zusammenseins nicht gelöst wurde und wie sich auf beiden Seiten immer mehr verdrängter Ärger, Schamgefühle und Wut aufgestaut haben. Und wenn man Glück hat, wird deutlich, welches Problem, möglicherweise auch welche Entwicklungsnotwendigkeit in die Verantwortung genommen werden muss.

Streiten lernen

Meistens wird uns beim Streiten bewusst, welches Problem wirklich in die Verantwortung genommen werden muss.

Beim wenig kontrollierten Streiten, auch wenn Ärger gegen Ärger anbrandet und vielleicht vieles gesagt wird, was man lieber nicht gesagt hätte, werden doch einige Probleme sichtbar und dadurch auch bearbeitbar. Wagen wir offen einander zu sagen, was uns jetzt wechselweise ärgert, kränkt, uns im guten Lebensgefühl beeinträchtigt, verletzt und demütigt, dann gewinnen wir das Material für eine weniger emotionale, ernsthafte Auseinandersetzung. Es wird deutlich, was an Veränderung in der Beziehung ansteht. Manchmal äußern wir in etwas überspitzter Weise, was wir verändert haben wollen oder wie wir unseren Partner, unsere Partnerin verändert haben wollen. Im Streiten, wenn beide ihren Unmut äußern dürfen und ihren Unmut auch äußern können, liegt eine Erfahrung von kämpferischer Nähe und ein großes Veränderungspotenzial. Die gegenteilige Erfahrung machen wir, wenn beide passive Aggressionen auffahren, keine Auseinandersetzung möglich ist und sich eine ärgerliche Missstimmung verbreitet. Man weiß dann zwar, dass etwas nicht in Ordnung ist, man weiß aber nicht, um was es sich handelt.

Beim offenen Streiten ist es auch wichtig, dass man die Ängste formulieren kann und dem anderen etwa sagen kann, dass man das schwerste Geschütz nicht auffährt, weil man befürchtet, dass der Partner oder die Partnerin sich dann ihrerseits rächen könnte. So richtig gut streiten können zwei sich Ebenbürtige, die einander gleiche Rechte einräumen und wissen, dass sie sich mit großer Wahrscheinlichkeit auch wieder versöhnen können und dies auch wollen.

Der Ausdruck des Ärgers, der zwar deutlich von Grenzen und von Grenzverletzungen handelt, ermöglicht dennoch eine große Nähe, weil man sich emotional offen begegnet und mit dem Ärger auch zum Ausdruck bringt, dass man darauf vertraut, dass die Beziehung sich verändern kann. Würde man darauf nicht mehr vertrauen, dann bräuchte man sich gar nicht mehr zu streiten. Aber Streit allein bringt keine Veränderung; die Anliegen, die im Streiten sichtbar und fühlbar werden, müssen aufgenommen werden. Wenn zwischen zwei Menschen deutlich erfahrbar wird, was gemeinsam in die Verantwortung genommen werden muss, aber auch genommen werden kann, wenn deutlich wird, was es also ist, was immer wieder zu ähnlichen Konflikten führt, bringt das große Entlastung, ja sogar Freude. Jetzt kann man wieder neu miteinander anfangen – man kann sich versöhnen. Die meisten Paare haben Rituale des Versöhnens. Sich diese in Erinnerung zu rufen und eventuell auch schon Vorkehrungen dafür zu treffen – etwa den Champagner kalt zu stellen –, hat nicht nur eine beruhigende Wirkung auf einen selber, sondern zeigt auch dem Partner oder der Partnerin, dass man an die Versöhnung glaubt und sie sich wünscht. Dennoch: Zur Versöhnung gehören immer zwei!

Verzeihen und versöhnen

Die Voraussetzung, um verzeihen zu können und versöhnlicher zu werden, ist, genauso wie für gutes Streiten, das Akzeptieren, dass jeder Mensch gleichwertig ist und in gleicher Weise Anspruch hat geachtet und respektiert zu werden, dass Menschen auf wechselseitige Anerkennung hin angelegt sind und dass sich jeder Mensch gern in diesem Leben verwirklichen möchte.

Ob es gelingt zu verzeihen und sich zu versöhnen, hängt von vielen Aspekten ab. Einige habe ich schon besprochen, andere werde ich noch ausführen:

- von der Bedeutung der Beziehung, in der der Konflikt sich ereignet, aber auch von der grundsätzlichen Bindungsfähigkeit
- von der Art und der Bedeutung des Angriffs, aber auch von der Verletzbarkeit
- vom Umgang mit Ärger und Ärgerfantasien
- vom Selbstwertgefühl und von der Fähigkeit, dieses zu regulieren
- von der habituellen Schattenakzeptanz
- von der Fähigkeit zu trauern
- von den prosozialen Gefühlen

- von der Fähigkeit zur Empathie
- vom Entschluss zur Versöhnung und der Wiedergutmachung

Alle diese Aspekte enthalten in sich Ansätze, um verzeihender und versöhnlicher zu werden. Abhängig von der Persönlichkeit der Menschen, die sich versöhnen wollen und von der Situation, in der Versöhnung notwendig ist, werden einzelne Aspekte mehr im Vordergrund stehen.

Das Selbstwertgefühl

Mit einem hinreichend sicheren Selbstwertgefühl kann man mit mittleren Kränkungen so umgehen, dass man sich relativ rasch wieder auf das normale Selbstwertgefühl einregulieren kann. Man schämt sich nicht über die Maßen, man erinnert sich auch nicht ständig an die Kränkung: Man fragt sich, was geschehen ist, nimmt den Ärger wahr und entscheidet sich, ob etwas in die Verantwortung genommen werden muss, ob man etwas verändern kann, wenn der Vorwurf berechtigt ist. Man wird sich selber trösten, indem man sich etwa sagt, dass man auch bessere Seiten hat als die gerade kritisierten, dass man auch schon einfühlender reagiert hat usw. Von einem Ungleichgewicht im Bereich des Selbstwertgefühls, in das wir durch einen Angriff von außen, aber auch durch eigenes Fehlverhalten geraten sind, versuchen wir so rasch wie möglich wieder ein Gleichgewicht zu finden.

Jeder Konflikt beeinflusst unser Selbstwertgefühl. Die Regulierung des Selbstwertgefühls angesichts von Kränkungen, Konflikten und Enttäuschungen, aber auch von Schicksalseinbrüchen wie Alter, Krankheit und Tod ist eine menschliche Aufgabe. Und diese Regulierung gelingt einmal besser, einmal schlechter. Die Erhaltung und Wiederherstellung eines hinreichend guten Selbstwertgefühls ist eine Grundmotivation des Menschen. Es geht dabei keineswegs um ein übertriebenes, durch nichts zu erschütterndes Selbstwertgefühl – dieses stammt eher aus einer Abwehr von Minderwertigkeitsgefühlen –, sondern darum, dass das Selbstwertgefühl immer wieder reguliert werden kann, dass wir uns immer wieder, trotz belastender Erfahrungen auf ein für uns gutes Maß einregulieren können.

Die Quelle des hinreichend guten Selbstwertgefühls ist wohl die Freude und das Interesse, das die Beziehungspersonen dem Säugling gegenüber ausdrücken und ihm dadurch vermitteln, dass er ein erfreulicher, interessanter Mensch ist. Sein Selbst wird beantwortet in einem positiven Sinn von außen. Und das brauchen wir Menschen auch später im Leben: Was wir sind und was wir machen, verlangt eine Anerkennung von außen, es muss zumindest gesehen werden. Nun wenden uns die Menschen natürlich nicht nur den freudigen Blick zu – und das erwarten wir auch nicht –, aber etwas mehr Anerkennung und etwas weniger Abwertung würde dem Selbstwertgefühl generell gut tun. Es ist bekannt, dass Menschen, die sich positive Illusionen machen über das, was sie sind und was sie tun – alles ein wenig schöner sehen, als es ist und als sie es sind – ein sichereres Selbstwertgefühl haben. Es geht ihnen besser, sie sind robuster im Umgang mit dem Leben. Gibt uns die Umwelt die Anerkennung und den Respekt nicht, dann leisten wir das offenbar selber.

Wir beziehen das gute Selbstwertgefühl aus dem, was wir tun, und aus dem, was wir in der Welt bewirken können, aus unserer »Selbstwirksamkeit«. Unser Wirken und unsere Leistungen geben uns aber nur dann ein gutes Selbstwertgefühl, wenn sie von anderen auch gesehen oder anerkannt werden. Vielleicht auch, wenn wir sie selber sehen und anerkennen.

Ein gutes Selbstwertgefühl beziehen wir auch aus dem Eingebundensein in soziale Beziehungen. Dadurch erleben wir Freude und Interesse an uns. Aber auch unser Interesse wird stimuliert, wir erleben Anregung, aber auch Geborgenheit und die Gewissheit, dass wir Hilfe bekommen, wenn wir sie brauchen, und dass wir selbst Hilfe geben können, wenn sie benötigt wird. Zudem bekommen wir immer wieder Rückmeldungen, wie wir gesehen werden. Das kann einfach erfreulich sein, es kann aber auch dazu führen, dass wir etwas verändern und uns entwickeln müssen. An den anderen kommen wir zu uns selbst und haben ein gutes Selbstwertgefühl. Aus einem guten Selbstwertgefühl finden wir aber auch den Weg zu den anderen Menschen, zu einem sozialen Beziehungsnetz. In guten Beziehungen begegnet man sich mit Wohlwollen, wünscht sich das Beste – der Neid steht nicht im Vordergrund. Das ist auch das Charakteristikum von freundschaftlichen Beziehungen.

Die Freude, das Interesse am anderen Menschen, die Anerkennung, der Respekt und die Aufmerksamkeit – all das müssen wir in menschliche Beziehungen immer wieder einbringen. Nicht nur die Kritik, nicht nur das Schweigen. (Nichts gesagt ist genug gelobt – so heißt ein Sprichwort in der Schweiz.) Das heißt nicht, dass man mit anderen Menschen immer einverstanden sein muss, der Widerspruch wird gerade dann konstruktiv und fordert zu Kreativität heraus, wenn er in einer akzeptierenden Atmosphäre erfolgt – und nur dann.

Erinnerungen an gute Beziehungserfahrungen, in denen unser Wert gesehen wurde, sind selbstwertstützend. Menschen, die uns zu verstehen gegeben haben, dass sie sich an uns freuen, dass wir für sie in irgendeiner Hinsicht wertvoll waren. Aber auch Beziehungsepisoden mit Eltern und Geschwistern in der Kindheit, die stimulierend waren, die uns aufgebaut haben. Auf diese Erinnerungen können wir zurückgreifen, wenn die Welt wenig selbstwertschonend mit uns umgeht – und das tut sie ja recht oft –, um unser Selbstwertgefühl wieder zu regulieren. Es gibt nie nur schlechte Erfahrungen, die wir dann verinnerlichen und als Erwartungen wieder an die anderen Menschen herantragen. Es gibt immer auch gute Erfahrungen, auch in schwierigen Biografien, die wir auch verinnerlicht haben und die für uns Ressourcen darstellen können.

Es gibt aber auch weitere Ressourcen. Wir alle haben Quellen, auf die wir zurückgreifen können. Alles, was uns gut tut, ist eine Ressource für die Selbstregulierung und für die Selbstwertregulierung. Im Laufe eines Lebens entwickeln wir vielfältige Techniken im Umgang mit uns selbst, besonders, wenn es uns gerade einmal nicht so gut geht. Die meisten Menschen haben ein ganzes Arsenal von solchen Techniken und wenden sie auch recht oft an – ohne viel darüber nachzudenken. Die Reflexion setzt dann ein, wenn diese »Mittel« nicht mehr greifen, wenn ein rascher Spaziergang den aufgestauten Ärger etwa nicht mehr zum Verschwinden bringt, die geliebte Musik die Gefühle des Beschwingtseins nicht mehr hervorzulocken in der Lage ist.

Ressourcen finden wir dort, wo uns etwas ganz wichtig ist im Leben, etwas, das uns Lebensqualität ermöglicht, etwas, das uns Freude macht, uns interessiert. Ressourcen finden wir auch in unseren Träumen und in unseren Fantasien. Dabei sind gerade unsere Fantasien im Zusammenhang mit Entzweiung und Versöhnung wichtig. Wir sind ihnen bis jetzt eher begegnet im Sinne von Vorstellungen über die Absichten der Menschen, die uns Übles tun. In unserer Vorstellung können wir Konflikte abbilden, uns aber auch Lösungen ausmalen, Strategien der Versöhnung. Wir können uns auch Erlebnisse und Erfahrungen mit Konflikten in Erinnerung rufen, die in uns damals ein Gefühl der Kompetenz und der Befriedigung, ein Wohlgefühl bewirkt haben. Wir können uns in der Fantasie auch Situationen wieder bewusst machen, in denen wir uns versöhnt haben, und damit auch die Gefühle, die das Sich-Versöhnen mit sich bringt, wieder beleben.

Indem wir uns daran erinnern, holen wir uns diese Gefühle wieder zurück – und diese machen uns zufriedener, geben uns ein besseres Selbstgefühl und ein besseres Selbstwertgefühl.

Schattenakzeptanz

Der Schatten muss so weit wie möglich erkannt werden, er muss emotional bewusst als eigene Lebensmöglichkeit erfahren werden, in seinen schlechten und in seinen guten Konsequenzen für das eigene Leben und das Leben der anderen. Entweder erfüllt uns das mit einem neuen Gefühl von Echtheit und Stimmigkeit, oder wir werden von Trauer erfasst, weil es uns nicht gelingt, so zu sein, wie wir es uns vorstellen. Auch aus dieser Trauer erwächst eine neue Authentizität. Wir müssen das Selbstbild eines perfekten Menschen opfern, dafür sind wir echter, lebendiger und projizieren den Schatten weniger auf andere. Und in den Beziehungen sind wir zudem weniger naiv. Denn haben wir einmal wirklich akzeptiert – und das ist gar nicht einfach, auch wenn es einfach klingt –, dass wir Schattenseiten haben, wissen wir, dass wir immer auch für eine Überraschung gut sind, und nicht nur für eine positive Überraschung. Wenn wir akzeptieren, dass unsere eigenen Schattenseiten immer wieder einmal im Spiel sind, dann erwarten wir, dass auch unsere Mitmenschen bewusst oder unbewusst ihre Schattenseiten ausspielen.

Gelingt es uns, unsere Schattenseiten zu akzeptieren, und das gelingt uns nur, wenn wir uns auch auf unsere »Sonnenseiten« beziehen können, dann werden wir sie auch bei unseren Mitmenschen leichter akzeptieren können.

Um den Schatten bei sich akzeptieren zu können, braucht man ein hinreichend gutes Selbstwertgefühl, das immer wieder ausbalanciert werden kann, denn man muss die mit dem Schatten verbundene Scham und Reue aushalten können. Ein hinreichend gutes Selbstwertgefühl haben wir eher, wenn wir auch die guten Anteile in uns kennen, die Seiten, die wir an uns akzeptieren können, die uns gefallen.

Erleichternd ist für die Akzeptanz des Schattens, wenn wir uns einzelnes schattenhaftes Verhalten ansehen und uns überlegen, wie wir damit umgehen können. Wenn wir den Schatten indessen generalisieren und uns vorstellen, wie verschattet wir sind, wenn wir all unser schattenhaftes Verhalten, das wir schon an den Tag gelegt haben, gleichzeitig sehen, gelingt das nicht. Es geht um die einzelnen Schattenaspekte in der jeweiligen Situation. Und das sind die Situationen im menschlichen Zusammenleben, wenn wir bereuen, was wir getan, was wir gesagt, was wir gedacht haben. Schattenanteile können Aspekte unserer Persönlichkeit sein, die wir geradezu hassen. Wenn wir in dieser Weise reagieren, dann hassen wir uns, hassen, was wir gemacht haben, sind von tiefer Reue erfasst und wissen, dass das, was geschehen ist, nicht ungeschehen gemacht werden kann, auch wenn man es noch so gern ungeschehen machen würde. Daraus ergibt sich die Notwendigkeit, sich mit sich selbst zu versöhnen, und wenn man lernt, sich mit sich selbst zu versöhnen, ist das eine gute Grundlage, um sich auch mit anderen Menschen zu versöhnen. Menschen, die sich selber auch mit Ecken und Kanten akzeptieren können, haben ein besseres Selbstwertgefühl, und sie können zudem auch leichter die Mitmenschen mit Ecken und Kanten akzeptieren.

Schattenakzeptanz bringt auf der individuellen Ebene Frieden mit sich selbst. Ich akzeptiere meine Begrenztheit, ich weiß, ich bin mir selber immer für eine Überraschung gut, auch für eine unangenehme. Wenn wir unsere Begrenztheit akzeptieren, so heißt das nicht, dass wir unsere Grenzen nicht ausschreiten und gelegentlich auch verantwortlich überschreiten sollten. Psychologisch gesehen geht es bei der Schattenakzeptanz um mehr Echtheit, um mehr Authentizität und darum, dass wir nicht die anderen Menschen für das verantwortlich machen, was in unserer eigenen Verantwortung liegt.

Gelingt es uns, den Schatten zu akzeptieren, und das erfordert immer wieder neue Anstrengung, dann ist niemand ganz gut, niemand aber auch ganz böse, und so kann man einen Konflikt als ein Zusammenspiel sehen, zu dem beide etwas beigetragen haben.

Jungs Antwort auf die Frage des Bösen lautete: »Wer also eine Antwort haben will auf die heute gestellte Frage des Bösen, der bedarf in erster Linie der gründlichen Selbsterkenntnis. Er muss ohne Schonung wissen, wie viel des Guten er vermag und welcher Schandtaten er fähig ist, und er muss sich hüten, das eine für wirklich und das andere für Illusion zu halten.«

Das aber ist letztlich die Voraussetzung dafür, dass wir einander verzeihen und uns auch wieder versöhnen.

Der Schatten in der Beziehung

Jeder Mensch bringt in jede Form der Beziehung Schattenanteile mit. Die Mitmenschen sehen unsere Schattenanteile besser als wir selbst. Ertappt man aber jemanden bei einem Verhalten, das dieser Mensch für schattenhaft hält, beschämt das ungemein – und die Scham kann dann mit Wut abgewehrt werden. Das können gelegentlich eher harmlose Bemerkungen sein, die zu einem größeren Konflikt führen.

In einer Beziehung projizieren wir unseren Schatten, oder wir delegieren ihn auch. Wir bringen einen Partner oder eine Partnerin dazu, unseren Schatten auszuleben.

Da ist eine Frau sehr darauf erpicht, friedfertig zu sein. Natürlich erlebt sie auch Ärger und die dazu gehörende ärgerbedingte Aggression, denn sie ist ein Mensch wie alle anderen Menschen auch. Aber sie ist der Ansicht, mit ihrem Ärger gut umgehen zu können, wenn bloß ihr Mann sich nicht wegen jeder Kleinigkeit ärgern würde und unflätige Worte ausstoßen würde. Ihr Mann wundert sich, dass er zu Zeiten, in denen seine Frau abwesend ist, viel weniger aggressiv ist. Sie wundert sich, dass sie in ihrem Geschäft viel aggressiver ist als zu Hause und sich wesentlich mehr ärgert. Ihr Mann hat ein Problem mit seinen Aggressionen, aber seine Frau hat ihm die ihren gerade auch noch aufgepfropft. So kann sie ihn kritisieren, sie kann ihm helfen, sie kann liebevoll sein, weil sie mit einem so aggressiven Mann weiter zusammenlebt und ihn nicht verlässt – und sie muss sich nicht mit ihrem Schatten auseinandersetzen.

Gelegentlich vereinigen sich auch energetisch wenig bedeutsame Schattenanteile von beiden. Ein Paar sagt von sich, sowohl sie als auch er seien ein ganz klein wenig leichtsinnig – was sie als Schatten deklarieren. Wenn sie aber miteinander etwas unternehmen, dann sind sie »ganz schön leichtsinnig, da gibt es dann kein Halten mehr!« Dieser vereinigte Schatten scheint doch eine durchaus lustvolle Komponente zu haben.

Der Schatten spielt in unseren zwischenmenschlichen Auseinandersetzungen die zentrale Rolle. Bei unseren Partnern und Partnerinnen können wir den Schatten nicht mehr spannend finden. Vielleicht noch in der ersten Zeit der Verliebtheit. Da finden wir Schattenanteile noch »interessant«, oder gar »niedlich«. Bald aber geben diese Seiten Anlass zu Ärger, vor allem auch, weil sich der geliebte Mensch trotz aller Liebe nicht bessert. Man ist dann richtig unversöhnlich mit der Fehlbarkeit des anderen Menschen – und kann es lange bleiben. So lange, bis man sich damit versöhnt und sich klar macht, dass es dem Partner oder der Partnerin ähnlich mit uns ergeht. Schwieriger ist es, wenn Menschen sich ein Bild ihres Partners oder ihrer Partnerin machen, das der Projektion des eigenen Schattens entspricht.

Da ärgert sich ein Mann noch über den Tod seiner Frau hinaus darüber, dass seine Frau geizig war und dass ihm dadurch vieles versagt geblieben ist. Während der Trauerarbeit wird ihm zunächst bewusst, dass er einen »Geizschatten« hat, dass seine Frau möglicherweise auch geizig war – aber dann wird ihm immer klarer, dass seine Frau nicht geizig war, dass sie sich aber an ihn angepasst hatte und dass es eigentlich genug Gelegenheiten gab, bei denen sie das auch zum Ausdruck brachte. Er aber hörte nicht, sah nichts und war innerlich unfroh mit der Wahl dieser Frau, die zwar viele Qualitäten hatte, jedoch in seinen Augen geizig war. Wäre er sich seines Schattens bewusster gewesen, hätten die beiden zufriedener miteinander sein können.

Wer weiß, dass er oder sie auch schattenhaft reagieren kann, ohne dies zu beabsichtigen, kann schattenhaftes Verhalten bei anderen Menschen besser verstehen und akzeptieren. Auch ist man eher bereit anzusehen, was man selber zu einem Konflikt beigetragen hat. Beides führt dazu, dass wir uns auch leichter wieder versöhnen können.

Die Fähigkeit, den Schatten zu akzeptieren, hängt wesentlich vom Selbstwertgefühl ab. Wer ein hinreichend gutes Selbstwertgefühl hat, kann Schatten besser akzeptieren. Wer Schatten besser akzeptieren kann, verbessert dadurch das Selbstwertgefühl. Wer ein gutes Selbstwertgefühl hat, kann besser verzeihen. Wenn wir uns versöhnen und aus der Rolle des Opfers aussteigen, gewinnt unser Selbstwertgefühl. Dies umso mehr, als wir dadurch auch bessere Beziehungen zu unseren Mitmenschen herstellen können, was das Selbstwertgefühl abermals verstärkt.

Die Fähigkeit zu trauern

Im Trauerprozess, wenn wir ihn denn zulassen konnten, söhnen wir uns mit einem Verlust aus. Auch wenn wir keinen Menschen unwiederbringlich verloren haben, wenn wir uns zerstritten haben, so haben wir diesen Menschen vorübergehend doch verloren, und wir können uns ähnlich wie beim Tod eines geliebten Menschen sehr verlassen fühlen. Die vordem gute Beziehung wird als zerstört erlebt.

Der Trauerprozess ist ein Prozess der Versöhnung. Gelingt er, dann können wir uns einverstanden damit erklären, dass das Leben den Tod in sich hat, dass es Gewalt gibt, Zerstörung, die das Leben ganz durcheinander bringt. Trotz allem wenden wir uns wieder vertrauensvoll dem Leben zu, obwohl wir wissen, dass wir immer wieder einen Menschen verlieren können, dass es auch gewaltsame Tode immer wieder geben wird. Versöhnen ist etwas mehr, als den Verlust zu akzeptieren, beruht aber darauf. Versöhnen meint, trotz des Verlusts wieder Vertrauen in das Leben zu investieren, gemäß dem Vertrauen, das man zur Verfügung hat. Natürlich gibt es Menschen, die vertrauensvoller sind, andere sind weniger vertrauensvoll.

Wir trauern, wenn wir etwas verloren haben, das für uns einen Wert hatte. Überlassen wir uns den komplexen Gefühlen, die wir unter »Trauern« verstehen, dann verarbeiten wir den Verlust und lösen uns ab von dem, was wir verloren haben. Wir halten unsere Beziehung dazu in der Erinnerung präsent, das was durch die Beziehung in uns geworden und gewachsen ist, und lösen uns in dieser Weise ab von dem, was wir verloren haben. Wir erholen uns aber auch von der Verwirrung, in die uns der Verlust gestürzt hat. Das Trauern, die Verarbeitung der Trennung, muss man aus der Beziehung heraus verstehen. Die Beziehung ist immer etwas anderes und mehr als das Ich und das Du. Und dennoch wird man die Geschichte der zu Ende gegangenen Beziehung als eine Geschichte zwischen einem Ich und einem Du erzählen.

Haben wir einen geliebten Menschen verloren, sind wir zunächst schockiert. Nach einer ersten

Phase, in der man es gar nicht glauben kann, dass ein geliebter Mensch tot ist, auf diese unwiederbringliche Weise abwesend, erfassen uns in einer zweiten Phase verschiedene Emotionen: Wir grämen uns, wir ängstigen uns, sind wütend auf den Menschen, der uns verlassen hat, auch wenn wir natürlich wissen, dass nur selten jemand den Tod selber wählt. Wir sind aber auch wütend auf das Schicksal, das uns genommen hat, worauf wir Anspruch zu haben meinen. Wir leiden unter Schuldgefühl, haben Liebesgefühle, Sehnsucht – und wir weinen, wir klagen. Wir verstehen uns selbst nicht mehr, wir verstehen aber auch die Welt nicht mehr. Wir leiden unter einer Identitätskrise: Wer sind wir denn noch, wenn wir diesen Menschen, dem wir nahe waren, mit dem wir so viel geteilt haben, nicht mehr haben? Wir fühlen uns allein, getrennt, beraubt. Unser Selbstwertgefühl ist beeinträchtigt. Diese Gefühle der Trauer, wenn wir uns ihnen überlassen können, führen dazu, dass wir uns an das Leben mit diesem Menschen erinnern. Denn aufgehört hat ja das gemeinsame Leben. Die gemeinsame Geschichte wird erinnert, Episoden aus der gemeinsamen Geschichte werden erzählt, immer vor dem Hintergrund, dass es so nie mehr sein wird. Meist sind die Erzählungen zunächst idealisierend, später eher nüchtern und betonen auch das, was nicht aufgegangen ist in der Beziehung. Die Schwierigkeiten werden benannt, aber auch deutlich all das, was schön war, was gut war, vor allem aber auch das, was in uns geweckt worden ist, belebt worden ist, herausgeliebt worden ist. Dankbarkeit, Schuldgefühle, Scham, Reue, Lieblosigkeit sind die emotionalen Begleiter dieser Erinnerungsarbeit. Was bleibt, sind die Erinnerungen, die man uns nicht nehmen kann: gelebtes Leben, gewachsenes Leben – Dankbarkeit und tiefes Bedauern über Versäumtes. Aus der Dankbarkeit wird die Freude, die Freude am Leben.

Träume von der Heilung, die am Wendepunkt eines Trauerprozesses stehen, drücken das aus.

Eine Frau (42), die ihren Mann durch einen Herzinfarkt verloren hatte, und die nicht nur den Verlust dieses sehr lieben Lebenspartners verkraften, sondern auch noch ökonomische Schwierigkeiten bewältigen musste, träumte:

»Ich bin in einer Frühlingslandschaft, die ersten Blumen sind da, hie und da gibt es noch Restchen von schmutzigem Schnee, überall ist Wasser, die Sonne scheint und ich fühle mich, als ob ich nach einer langen Krankheit zum ersten Mal wieder draußen wäre und die Schönheit des Frühlings sähe. Ich bedaure, dass Karl [ihr verstorbener Mann] das nicht mehr sehen kann, und ich freue mich, dass ich das alles noch sehen und erleben kann. Ich erwachte mit viel Energie und Freude – und dann fiel mir plötzlich ein, dass es ja Herbst ist. Aber in meiner Seele ist Frühling. Ein Gefühl, dass alles wieder wachsen kann, erfüllt mich. Im Traum war ich ganz einverstanden mit dem Leben, trotz des Todes. Im Wachen versuche ich dieses Gefühl zu halten.«

Man wird wieder ganz, obwohl ein Teil von uns weggerissen worden ist und man um den Verlust weiß. Aber man ist wieder deutlicher von Hoffnung ergriffen. Der Mensch ist ja so gebaut, dass er immer auf das Bessere hofft. Diese Hoffnung kann vorübergehend in den Hintergrund treten, aber sie ist immer da, solange wir leben.

Wenn wir hoffen, so denken, fühlen und handeln wir, als ob das, was jeweils ansteht, zu bewältigen ist und zu einem guten Ende führen wird. Hoffnung ist die Emotion, mit der wir uns einem Licht zuwenden, das noch nicht sichtbar ist. Aus dieser Hoffnung heraus ist auch immer wieder Versöhnung möglich. Wir sind versöhnt mit dem Leben, aber auch mit dem Menschen, der gestorben ist und der – in der Wahrnehmung des Trauernden – uns verlassen hat, ohne dass wir unser Einverständnis dazu gegeben haben.

Der Prozess des Trauerns kann auf den Prozess einer Kränkung, einer Beeinträchtigung, eines Verlusts von Geborgenheit, eines Verlusts von

Vertrauen, kurz, auf alle jene Situationen, in denen wir einen Verlust erleiden, uns aber dennoch wieder versöhnen möchten, übertragen werden.

Die prosozialen Gefühle

Menschen können einander Wolf sein, sich gegenseitig dominieren, besiegen, zerfleischen wollen. Menschen können sich aber auch Freunde sein, freiwillig einander mit Wohlwollen begegnen, einander vertrauen, statt einander zu misstrauen. Menschen hassen nicht nur andere Menschen, sie lieben auch andere Menschen. Wir wollen nicht nur für uns etwas Gutes, sondern durchaus auch für Mitmenschen. Wir sind nicht nur egoistisch, wir sind auch altruistisch! Wir sind gern mit anderen Menschen zusammen, freuen uns mit ihnen, feiern mit ihnen. Wir leben ja nie nur aus uns selber, vieles, was wir sind, ist geweckt worden durch die Beziehung zu anderen Menschen. Wir sind von Grund auf auf Beziehung angelegt und auf Bindung. Diesem Bedürfnis nach einem Wir, das sich in den prosozialen Gefühlen auch zeigt, steht das Bedürfnis nach Individualität gegenüber, die wir gelegentlich auch mit harschen Mitteln verteidigen. Aber es wäre falsch, nur diesen Aspekt zu sehen. Je bewusster uns unsere prosozialen Gefühle sind, umso leichter fällt es uns, uns auch zu versöhnen.

Verzeihen ohne zu beschämen

Die Gefahr zu beschämen, wenn man jemandem verzeiht, ist groß. Wer verzeihen kann, hat den Angriff, die Kränkung, die Demütigung verarbeitet. Wer verzeihen kann, hat verstanden, was sich ereignet hat, wie man aufeinander eingewirkt hat. Das Selbstwertgefühl konnte wieder ausbalanciert werden – möglicherweise dadurch, dass man sich klar gemacht hat, dass der Angriff unverhältnismäßig war. Oder dadurch, dass man sich klar macht, dass man auch noch andere, »bessere« Seiten hat, die gerade jetzt leider nicht zum Tragen gekommen sind. Vielleicht aber auch dadurch, dass man die Trauer über die kränkende, bedrohliche oder auch beschämende Situation zugelassen hat, man also in eine Veränderung eingewilligt hat, die zunächst als Verlust erlebt wird, aber als Veränderung auch eine verwandelnde Wirkung hat. Durch das Einwilligen in die Trauer über die Situation ist vielleicht auch Dankbarkeit erfahrbar geworden über das, was trotz allem bleibt, oder über das, was man zumindest bis zu diesem Zeitpunkt gehabt hat. Mit diesem nun wieder besseren Selbstwertgefühl ist es möglich, sich in den anderen Menschen einzufühlen, mit einer gewissen Schattenakzeptanz auch zu wissen, dass uns in einer vergleichbaren Situation Ähnliches geschehen könnte. Kommt vom Verursacher der Pein außerdem eine gewisse Einsicht, vielleicht gar Reue und die Bitte um Entschuldigung, auch ein Angebot für die Wiedergutmachung, ist Verzeihen nicht mehr schwierig.

Vielleicht musste der Mensch, dem ein Unrecht angetan worden ist, die Kränkung gar nicht so sehr verarbeiten, sondern er konnte es einfach gut sein lassen. Er konnte akzeptieren, dass es so etwas wie Kränkungen gibt, dass der Mensch, der gekränkt hat, auch andere, bessere Seiten hat. Es ist keine tiefer gehende Kränkung erfolgt und deshalb braucht es auch keine Verzeihung. Oder aber: aus Liebe zum anderen Menschen kann man über die Kränkung hinweggehen. Das kann als sehr entlastend erlebt werden, es kann aber auch zusätzlich ärgern. Denn es ist nicht einmal gelungen, jemanden wirklich zu kränken – sogar jetzt noch hat man sich inferior zu fühlen.

Nicht immer also hat die erfahrene Verzeihung einen entlastenden Charakter. Wir bitten um Verzeihung, wir brauchen die Verzeihung. Um Verzeihung bitten zu müssen, ist für Menschen, die in keiner Weise abhängig sein wollen, bereits schwierig. Der Verzeihende ist der Gebende. Und wenn es nicht selbstverständlich ist zwischen Menschen, dass einmal der eine, einmal die andere der Verzeihung bedarf, so kann leicht die Idee aufkommen, dass ein gebender Mensch großzügig und wohlwollend aus seinem Reichtum und seiner Barmherzigkeit heraus nicht weiter aufrechnen muss. Und das ist ja eigentlich auch richtig so. Verzeihen können wir aus einem Gefühl des wieder erwachten Wohlwollens heraus. Wird uns verziehen, sind wir in der Position des Empfangenden – wir bekommen etwas. Doch nicht alle Menschen können etwas annehmen.

Aber auch der verzeihende Mensch kann die Verzeihung von »oben herab« geben, nicht als einer, der auch immer einmal Verzeihung braucht, sondern als jemand, der sie gnädigerweise gibt und dabei zu verstehen gibt, dass der andere ein Empfänger einer Wohltat ist, ein Bittsteller, einer, dem man immer wieder etwas zukommen lassen muss. Der Verzeihende gibt sich dann als wohlwollend, aber als Mensch ohne Schatten. Der, der die Verzeihung braucht, wird dadurch aber in den Schatten hineingestoßen und schämt sich oder reagiert mit Neid. Neue Rachegefühle können dadurch aufkommen oder eine depressive Verstimmung. Das Selbstwertgefühl ist wiederum beeinträchtigt, der Kreis der Verletzung dreht sich weiter. Noch schlimmer ist es, wenn zwar Verzeihung angeboten, aber gleichzeitig Unterwerfung gefordert wird.

Damit eine Verzeihung nicht in eine neue Beschämung mündet, muss sie auf gleicher Augenhöhe erfolgen, aus dem Wissen heraus, dass jeder und jede immer einmal Verzeihung braucht, dass wir alle immer wieder in Gefahr sind, unserem Schatten zu erliegen. Ebenso wichtig ist aber auch zu wissen, dass auch unsere Fähigkeit zu verzeihen, immer wieder gefragt sein wird, solange wir mit Menschen zusammen leben. Und dann spüren wir auch: Wenn wir einem Menschen verzeihen, schenken wir nicht nur ihm etwas, das Verzeihen wie dann auch das Versöhnen es ist auch eine Gabe an uns selbst.

Der Entschluss, sich zu versöhnen und wieder gutzumachen

Es braucht einen Entschluss zur Versöhnung: Wir müssen davon überzeugt sein, dass es sich versöhnt besser leben lässt, dass mehr Freude, mehr Geborgenheit im Leben zu spüren ist, dass man nur versöhnt miteinander Leben gestalten kann, da man sonst Gefahr läuft, sehr viel Energie in Konflikten zu verbrauchen. Versöhnung ereignet sich nicht einfach, man muss sie anbieten. Wir können einem anderen Menschen mit einer Entschuldigung, mit Zeichen der Reue darüber, was wir ihm angetan haben, die Versöhnung anbieten. Es ist dabei wichtig, dass wir unsere Gefühle zum Ausdruck, aber auch zur Sprache bringen, dass wir wissen, dass wir die Gefühle des anderen Menschen verletzt haben. Der Wunsch nach einer neuen Beziehungschance muss deutlich formuliert werden.

Es braucht darüber hinaus auch ein Angebot der Wiedergutmachung, besonders, wenn ein Beteiligter deutlich mehr Anteil hat am Konflikt. Man hat eine Pflicht zur Wiedergutmachung, damit anerkennt man auch sehr konkret, dass man etwas falsch gemacht hat. Man hat auch ein Recht darauf, dass die Wiedergutmachung angenommen wird. Damit ist man aus der Position des Übeltäters oder der Übeltäterin entlassen. Es ist wieder eine gewisse Gerechtigkeit hergestellt.

Nicht selten ist die Versöhnung auch in privaten Beziehungen mit der Übergabe eines Geschenks – oder mit einem kleinen Fest – verbunden. Es wird manchmal als störend erlebt, dass psychische Qualen mit einem materiellen Geschenk wieder gutgemacht werden sollen. Mir scheint, es geht in solch einem Fall nicht darum, dass ein Wert gegen den anderen aufgewertet wird: Es geht um die Frage, was der andere braucht, damit die Waage der Ungerechtigkeit wieder ausbalanciert wird. Das kann natürlich über Beziehungsangebote gelöst werden, und das wird es auch meistens, aber eine zusätzliche Geste der Wiedergutmachung, die auch sichtbar ist, scheint mir die Versöhnung noch wahrnehmbarer, konkreter zu machen.

Die Versöhnung kann sich natürlich auch darin zeigen, dass man einfach wieder zum Alltagsgeschäft übergeht. Die Versöhnung ist ein Bekenntnis zur erneuten Gemeinsamkeit. In der Beziehung ist ein Problem aufgetaucht, das zum Zerwürfnis geführt hat, das aber, wenn es wirklich angesehen wird, eine Entwicklungsmöglichkeit innerhalb der Beziehung zeigt und auch anmahnt. Damit gibt es eine Klippe weniger in der Beziehung. Die Versöhnung indessen zeigt uns, dass uns das Miteinander immer noch wichtiger ist, als Recht zu behalten. Man hat wiederum eine Brücke über den Abgrund gebaut.

Das Festhalten am Ressentiment – die Selbstvergiftung

Die Unversöhnlichen

An den unversöhnlichen Menschen und an den Situationen, in denen wir unversöhnlich sind, werden wir sehen, was auch bei versöhnlicheren Menschen gegen die Versöhnung stehen kann.

Ressentiment ist abgeleitet von re-sentir, immer wieder fühlen. Es geht um ein wiederholtes Durch- und Nacherleben einer bestimmten emotionalen Interaktion. Immer wieder fällt einem ein, wie man ungerecht behandelt worden ist, wie man keine Möglichkeit hatte, sich erfolgreich dagegen zu wehren. Diese emotional betonten Situationen fallen einem aber nicht nur ein, man sucht sie geradezu auf. Immer dasselbe Muster brennt sich ein und kann doch immer weniger emotional ausgedrückt und dadurch immer weniger bearbeitet werden. Es wird nachgefühlt, wieder gefühlt – aber es geschieht nichts. Das Wiedererleben wird zunehmend automatisiert. Eine Atmosphäre der Feindseligkeit legt sich über alles. Es ist ein automatisiertes Zürnen, das vom Ich unabhängig ist, also auch nicht mehr reflektiert und nicht mehr kontrolliert wird. Hassausbrüche, Hassfantasien und eine feindselige Haltung ganz allgemein sind die Folge. Das heißt, diese Menschen haben eine Einbuße an Selbstwirksamkeit und entwickeln auch deshalb ein Ressentiment.

Ressentiment ist eine Art seelischer Selbstvergiftung. Es entsteht durch das Zurückdrängen von Affekten, wie Rachegefühlen, Hass, Bosheit, Neid oder Häme. Diese Affekte entsprechen normalen menschlichen Erfahrungen, die einen Ausdruck verlangen. Um diese Gefühle aber zuzulassen und sie nicht überhand nehmen zu lassen, braucht es ein hinreichend gutes Selbstwertgefühl und eine beachtliche Schattenakzeptanz.

Am wichtigsten für das Entstehen des Ressentiments ist der Umgang mit der Rachsucht. Das Ausüben der Rache ermöglicht es, das verletzte Selbstwertgefühl wiederherzustellen. Je weniger das nun erlaubt ist, je mehr auch der »innerseelische Fantasieausdruck« zurückgedrängt wird, umso eher wird ein Mensch ein Ressentiment entwickeln. Und falls man die Rachefantasien nicht in die Realität umsetzt, kann man sich als einen »guten«, ethisch hoch stehenden Menschen wahrnehmen, der sich eben nicht rächen muss, obwohl er es könnte, und diese Überzeugung stützt wiederum das gute Selbstwertgefühl. Und in der Folge sind alle Gefühle überdeckt von Hass und ohnmächtigen Rachebedürfnissen.

Ressentiment tiefenpsychologisch betrachtet

Was steckt, tiefenpsychologisch betrachtet, hinter dem Ressentiment? Im Jung'schen Sinn wird unser bewusstes Handeln dann durch einen Komplex bestimmt, wenn uns eine emotional schwierige Situation nicht aus dem Sinn geht, uns zudem keine sinnvolle, angemessene Reaktion einfällt, sondern immer nur ein stereotypes Verhalten, das uns bei allen Schwierigkeiten immer zuerst einfällt. Dabei drehen sich all unsere Überlegungen und Bilder im Kreise, und wir erleben zudem noch, dass immer mehr Lebensbereiche von dieser unerfreulichen Situation eingeholt werden. Wir verstehen uns immer mehr als ein Opfer der Umstände.

Komplexe und Komplexepisoden

Komplexe sind verinnerlichte, generalisierte konflikthafte Beziehungserfahrungen mit einem bestimmten Beziehungsthema. Sie sind mehr oder weniger verdrängt. Wird die Emotion oder das Thema des Komplexes im Alltag berührt, konstelliert sich der Komplex: Der Mensch reagiert emotional über oder reagiert überhaupt nicht. Die Wahrnehmung der Welt geschieht im Sinne des Komplexes. (»Alle behandeln mich von oben herab …«) Das Verhalten ist unfrei, durch den Komplex determiniert, man reagiert »wie immer«, auch wenn es nicht angemessen ist.

Nach Jung kann sich jedes affektgeladene Ereignis zu einem Komplex verdichten, verbindet sich also mit ähnlichen Lebenserfahrungen und wird mehr oder weniger verdrängt. Werden die Themen oder die Emotionen, die mit dem Komplex verbunden sind, angesprochen, dann wird das Gesamte der unbewussten Verknüpfungen aktiviert – in der Jung'schen Psychologie wird dafür der Ausdruck »konstelliert« verwendet – samt der dazu gehörenden Emotion aus der ganzen Lebensgeschichte und den daraus resultierenden, stereotyp ablaufenden Abwehrstrategien. Je größer die Emotion und das dazugehörige Assoziationsfeld an Erfahrungen ist, desto »stärker« ist der Komplex, desto mehr werden andere psychische Anteile, insbesondere auch der Ichkomplex, in den Hintergrund gedrängt. Man kann die Emotionen in dieser Situation nicht mehr kontrollieren, man kann nicht ruhig über eine Situation nachdenken, man hat einen Emotionsdurchbruch.

Die Komplexe bezeichnen die krisenanfälligen Stellen im Individuum. Sie bewirken einerseits eine Hemmung des Lebens: Dadurch, dass der Mensch emotional in stereotyper Weise überreagiert, nicht der aktuellen Situation angemessen, sondern mit einem lebensgeschichtlichen Überhang, ist er unfrei in seinem Erleben und Verhalten. Durch die Abwehr dieser Emotion entstehen stereotype Verhaltens- und Erlebensweisen.

Komplexe zu haben ist für Jung eine »normale Lebenserscheinung«, sie sind die »lebendigen Einheiten der unbewussten Psyche«. Das heißt: In den Komplexen drücken sich Hemmungsthemen aus, die in der Sicht von C. G. Jung auch Entwicklungsthemen sind.

Wie entstehen Komplexe?

In einem Vortrag von 1928 sagt Jung: »Er [der Komplex] geht offenbar hervor aus dem Zusammenstoß einer Anpassungsforderung mit der besonderen und hinsichtlich der Forderung ungeeigneten Beschaffenheit des Individuums.« Mit dieser Definition wird der Beziehungsaspekt bei der Entstehung des Komplexes ins Zentrum gerückt. Die Anpassungsforderung geht wohl in der Regel immer von Menschen aus. Das heißt also, dass in unseren Komplexen strukturell und emotional die Beziehungsgeschichten unserer Kindheit und unseres späteren Lebens abgebildet sind. Komplexe können entstehen, solange der Mensch lebt. Die meisten Komplexe, auch die, die später entwickelt werden, assoziieren sich allerdings früheren Komplexen. Daher stehen sich in dieser Sicht des Zusammenstoßes zwei Menschen gegenüber: ein Kind und eine Beziehungsperson. Ich nenne das die beiden Pole des Komplexes: der Kindpol und der Erwachsenenpol, meistens der Vaterpol, der Mutterpol oder der Geschwisterpol.

Komplexe entstehen selten aus einer einzigen traumatischen Situation. Sie stellen wirklich so etwas wie eine generalisierte Erwartung dar, die zeigt, dass komplexhaftes Erleben und Verhalten daraus resultiert, dass sich immer wieder ähnliche Interaktionen zwischen den Beziehungspersonen und dem Kind ereignen. Auch wenn es wichtig und möglich ist, Komplexepisoden zu erinnern – etwa das Bild eines streng blickenden Vaters, der übergroß über einem verschwindend kleinen Buben thront, der am liebsten in den Boden versinken möchte und mit zugeschnürter

Kehle aus Angst keinen Ton herausbringt –, ist es nicht gesagt, dass diese Episode als solche erlebt worden ist. Sie bleibt aber als Bild des Komplexes aussagekräftig, als Bild einer generalisierten Episode – verbunden mit einer als evident erlebten, damit zusammenhängenden Emotion. Dieser Aspekt ist besonders wichtig, weil gelegentlich ganz eindimensional aus den Bildern der Komplexe auf das konkrete Wesen und die Präsenz der konkreten Eltern zurückgeschlossen wird, das Fantasiebild also mit dem Realbild der Person gleichgesetzt wird. Natürlich haben diese Episoden etwas mit der realen Präsenz der Eltern zu tun, die sich in der Interaktion ausdrückt, sie sind aber nicht einfach deckungsgleich zu behandeln.

»Mein schwacher Punkt«

Ein Paar, beide um die 40, seit 15 Jahren miteinander lebend, sprechen über die Verteilung von Aufgaben im Haushalt. Die Frau, Carla, stellt fest, dass sie plötzlich missmutig ist, eigentlich »gehen« will. Sie nimmt ihr Gefühl als »leisen Ärger« wahr. Was ist geschehen? In einem an sich sachlichen Gespräch hatte ihr Partner ihr noch eine zusätzliche Verpflichtung im gemeinsamen Haushalt angedient mit der Bemerkung:

»Dein Stundenlohn ist eh niedriger als meiner.« Er meinte damit, sie würden weniger Geld verlieren, wenn er seiner Lohnarbeit während dieser Zeit nachgehe, in der sie diese nicht bezahlte Arbeit erledige. Sie hörte: »Meine Arbeit ist eh mehr wert als deine.« Sie ärgert sich. »Es ist zum Davonlaufen!«, sagt sie sich innerlich – aber sie läuft nicht davon.

Sie weiß, es ist ein wichtiges Thema in ihrem Leben, dass sie ihre durchaus auch sehr gut bezahlte Arbeit aufgegeben hat und dass sie bei diesem Thema empfindlich ist. Dennoch: Sie fühlt sich abgewertet und sie muss darüber sprechen, sonst ist sie sauer und ihre Stimmung wird die an sich gute Atmosphäre verderben. Sie entscheidet sich dafür, ihn zu fragen, mit leicht aggressivem Unterton: »Wolltest du mich provozieren?« Er versteht nicht, und sie kann ihm erklären, wie sie die Bemerkung gehört hat, und dass sie ja weiß, dass das ihre schwache Stelle ist.

Warum ist es eine schwache Stelle? Kann Carla sich an eine Situation in ihrer Kindheit erinnern, in der sie sich als weniger wert als die anderen empfunden hat, oder gar als unwert?

Es gibt viele solcher Episoden. Sie erinnert sich besonders gut an eine Situation, als sie bereits zwölf Jahre alt war. Es ging um den Schulübertritt ins Gymnasium, der ihr von ihren Lehrern empfohlen wurde. Darüber musste sie mit ihrem Vater sprechen. Vor diesem Gespräch hatte sie große Angst, sie nahm aber allen Mut zusammen und sprach mit dem Vater. Dieser reagierte mit einem Wutausbruch. Sie erinnert sich: Er tobte, fluchte, sagte, was mir eigentlich einfalle, ich sei doch größenwahnsinnig. Niemand aus der Familie sei ins Gymnasium gegangen. Die Söhne, das hätte ja noch Sinn gehabt. Aber sie, ein hochmütiges Mädchen, das sowieso heiraten werde. Alles Geld, das er in ihre Ausbildung stecken würde, könnte er genau so gut in den Bach werfen … Carla fühlte sich beschämt und wütend. Sie ist nichts wert, sie ist ihrem Vater nichts wert. Sie ist ein Mädchen und die sind offenbar alle nichts wert in den Augen des Vaters. Sie ärgerte sich, war empört, hilflos. Als Mädchen hatte sie keine unmittelbare Möglichkeit der Rache, aber sie schwor sich: »Warte nur, Vater, bis ich groß bin. Ich werde dir zeigen, was Mädchen alles können.« Sie hat sich auch ohne Abitur an einer sehr guten Stelle bewährt. Diese Stelle hat sie aufgegeben, nachdem sie Kinder geboren hatte.

Wenn nun ihr Mann ihr sachlich richtig sagt, »dein Stundenlohn ist eh niedriger als meiner«, dann wird ihre Komplexepisode reaktiviert, ihr »schwacher Punkt«, wie sie sagt, ihre Überempfindlichkeit. Die Scham und die Wut, die sie als Mädchen empfunden hat, werden wieder geweckt. Wahrscheinlich auch die damit verbundene Ohnmacht. Sie lebt in einer Beziehung, in der der Partner mit dieser Empfindlichkeit umgehen kann. Beide verstehen, dass Carla den Vater dieser Komplexepisode leicht auf ihren Mann projiziert und sie dann zum kleinen Mädchen wird. Sie bleibt aber nicht identifiziert mit dem Mädchen, das ein Opfer des Vaters war, sie bleibt nicht in der Opferposition. Sie identifiziert sich aber auch nicht mit dem Vater dieser Komplexepisode, sie entwertet sich nicht weiter, entwertet auch ihren Mann nicht weiter, sobald sie erkannt hat, dass hier ein altes Beziehungsmuster wieder reaktiviert wird. Das Problem kann also von beiden angegangen werden. Carla muss sich nicht rächen, sie entwickelt kein Ressentiment, die beiden können sich versöhnen.

Sie versteht seine Reaktion, er versteht ihre Reaktion. Beide zeigen Reue und sagen: »Wie dumm von uns, wir mögen uns doch!« Die beiden sind in einen Dialog getreten über die Frage, was in Verantwortung genommen werden muss. Sie finden in der konkreten Frage einen Kompromiss, auf der emotionalen Ebene finden sie wieder zu einem »Wir«-Gefühl und damit zur Überzeugung, dass sie sich trotz Konflikten auch immer wieder »finden« können und dass ihnen das für ihr Selbstverständnis als Paar auch zentral wichtig ist.

Die Entwicklung des Ressentiments aus der Komplexepisode

Karl hat in seinem Leben schwierige Erfahrungen gemacht, die sein Leben noch immer bestimmen und die ihn unversöhnlich machen.

Sein Vater zeigte sich immer wieder enttäuscht von ihm. Auf eine Erinnerung angesprochen, die diese Erfahrung zeigen könnte, sagt er:

»Ich war vielleicht sechs. Es war kurz bevor ich in die Schule kam. Ich erzählte eine Geschichte, verhaspelte mich dabei, weil ich meinem Vater gefallen wollte, und der Vater sagte sehr ärgerlich: Schweig! Geh mir aus den Augen! Aus dir wird nie etwas Rechtes. Er wandte sich demonstrativ meiner Schwester zu und bat diese, ihm etwas zu erzählen. Ich hasste meine Schwester und den Vater, ich war sehr wütend, aber auch hilflos. Der Vater verachtete mich. Er scheuchte mich mit den Händen weg, wie man eine lästige Fliege verscheucht.« Erfahrungen dieser Art machte Karl immer wieder – nicht nur mit seinem Vater, sondern auch mit seinem Lehrer.

Karl erinnert sich auch daran, wie man ihn auf einer Klassenfahrt – da war er etwa zehn – »vergessen« hatte. Was war geschehen? Karl erzählt: »Wir haben mit der Klasse eine Höhle besucht – da gab es gute Versteckmöglichkeiten. Ich habe mich gut versteckt und erwartete, dass man mich suchen würde. Aber man hat mich nicht gesucht. Ich bekam es mit der Angst zu tun, es wurde Nachmittag, dunkler, vielleicht kam auch ein Gewitter, das weiß ich nicht mehr genau, nur dass es dunkel wurde und ich gar nicht wusste, wie ich nach Hause kommen sollte.

Jemand rief mich dann. Es war ein unbekannter Mann. Er war ungehalten: Ich sei ein ›blöder Latschi‹ (ein Dummkopf), die Klasse sei schon auf dem Bahnhof. Er trieb mich an, irgendwie kam ich dann noch rechtzeitig zum Zug, bekam aber nichts zu trinken. Der Lehrer schalt mich auch, die Mitschüler sagten schnippisch ›Immer der!‹ und zu Hause, als der Vater hörte, was geschehen war, bezeichnete er mich als ›Oberidiot‹. Niemand wollte etwas von meiner Angst wissen, niemand freute sich, dass ich wieder zum Vorschein gekommen war. Alle fanden, ich sei selber schuld.«

Karl versuchte offenbar seine Mitschüler und Mitschülerinnen, wohl auch den Lehrer, dazu zu bringen, ihn zu suchen. Damit hätten sie ihm auch bewiesen, dass es ihn gibt und dass er seinen Platz hat in der Klasse. Er wird aber vergessen – niemand vermisst ihn. Es gibt ihn schon fast nicht mehr. Diese Erfahrung ist gespiegelt in der Angst des Buben, in seiner Wahrnehmung, dass es dunkel oder gewittrig wird, eine Wahrnehmung, die er selber im Nachhinein als unrealistisch einschätzt. Psychologisch wurde es aber auf jeden Fall dunkel und gewittrig. Immerhin – man hatte ihn nicht ganz vergessen: Man schickte jemanden los, ihn zu suchen, und man hatte auch eine Idee, wo man ihn verloren haben könnte. Diesen Aspekt sieht Karl natürlich nicht. Die Erfahrung stimmt mit seinen schlimmsten Beziehungserfahrungen überein: Er wird vergessen, nicht bedauert, alles ist sein Fehler, immer wieder wird ihm eingeredet, er sei eigentlich blöd.

Karl hat im Laufe seiner Kindheit und später viele solcher herabsetzenden, beschämenden Erfahrungen gemacht. Er weiß sehr gut, mit wem er solche Erfahrungen gemacht hat und noch macht. Er vergisst nicht. Er vergisst nichts.

Er hat diese Erfahrung aber auch generalisiert: »Alle Menschen verachten mich« – und er, im Gegenzug, »hasst alle Menschen«. Denen wird er es dann schon noch zeigen.

Er vergisst nicht nur nichts, er stellt sich auch die Zukunft im Lichte dieser dominierenden

Komplexepisode vor: Er wird immer beschämt werden, es werden ihm immer andere Menschen vorgezogen werden, auf ihn hat man es abgesehen. »Aber die sollen nur warten, bis ich wirklich ausraste. Denen werde ich es zeigen.« Er ärgert sich ständig darüber, dass die Mitmenschen ihn vermeintlich verachten. Und weil er erwartet, dass sie ihn verachten, und weil er eine Atmosphäre von Hass und Missgunst verbreitet, haben sie die Tendenz, ihn zu meiden.

In der Therapie gelingt es ihm nicht, Ärgerfantasien zu gestalten, er hat zu viel Angst. Was er denn den Menschen einmal zeigen will, ist nicht herauszufinden – klar ist nur, dass er es denen zeigen wird. Rachefantasien adoptiert er von den Selbstmordattentätern – wie die würde er es vielleicht machen. Aber die Vorstellungen bleiben vage. Er kann sich nicht rächen – er konnte sich nie rächen – er hätte sowieso keinen Erfolg gehabt. Er bleibt identifiziert mit dem Opfer, immer wieder wird dieselbe Komplexepisode reaktiviert, immer wieder fühlt er sie nach. Er hat ein tiefes Ressentiment, verbunden mit großem Hass. Hass aus Frustration, weil es ihm nicht gelang und nicht gelingt, mit seiner Wut seine Lebenssituation zu verändern und sie damit auch auszuräumen. Hass vielleicht auch als Abwehr von Scham. Lieber hassen, als sich schämen. Seine Neidgefühle bleiben ihm auch erhalten, sie sind ein integraler Aspekt seines Ressentiments. Sein tiefer Neid seiner Schwester gegenüber zeigt sich, wenn er in einer unendlich gering schätzenden, hämischen, hassenden Weise von ihr spricht. Noch immer ist er davon überzeugt, dass sie ihm die ganze Zuwendung des Vaters gestohlen hat und dass sie das – auch als kleines Mädchen – hätte verändern können, wenn sie das gewollt hätte. Er kann die Gefühle seiner Schwester gegenüber aber nicht als Neid wahrnehmen; er ist doch nicht neidisch! Er träumt aber immer wieder von Menschen, die in seiner Wahrnehmung furchtbar neidisch sind.

In den Situationen, in denen wir Erfahrungen gemacht haben, die sich in Komplexen niederschlagen und als Beziehungsepisoden verinnerlicht werden, wurde uns Nähe verweigert. Statt Beziehung erlebt man Trennung in einer Situation, in der durch einen wie immer auch gearteten Angriff das Bindungssystem aktiviert ist und wir Verständnis, Nähe, Empathie erleben möchten, meistens gerade von dem Menschen, der uns angreift. Stattdessen erleben wir Ungerechtigkeit, Demütigung, Herabsetzung, einen kritischen, bösen Blick, wo wir doch einen liebevollen, interessierten Blick gebraucht hätten. Dadurch wird unser Selbstwertgefühl beeinträchtigt, und wir fühlen uns schlecht, »verschattet«.

Alle Dimensionen, die wesentlich sind, um sich versöhnen zu können, sind beim Entstehen eines Komplexes angesprochen und durch den Komplex gehemmt. Nun haben die meisten Menschen auch gute Beziehungserfahrungen, die diese schwierigen Komplexerfahrungen relativieren, die bewirken, dass auch gute Aspekte des eigenen Selbst erfahrbar sind und ein einzelner Komplex, eine einzelne Komplexepisode sich nur in klar umschriebenen Lebenssituationen auswirkt. Es ist aber auch möglich, wie bei Karl, dass eine Komplexepisode generalisierend das Leben eines Menschen zentral bestimmt. Dann haben wir es mit einem Ressentiment zu tun. Gegenwärtige Erfahrungen werden im Sinne des Ressentiments erlebt und gedeutet und so immer wieder genährt.

Ressentiment und Neid

Alle haben es besser als Karl. Dabei hätte er es doch am meisten verdient, dass es ihm besser geht. Es ist ungerecht. Besonders seine Geschwister beneidet er insgeheim. Er hasst sie, so sagt er – aber verbunden mit dem Hass ist ein glühender Neid, der sich immer einmal wieder Bahn bricht. Wenn er so gefördert worden wäre wie seine Schwester, dann wäre er viel erfolgreicher. Er schätzt das Leben seiner Geschwister gering; was immer sie erreichen, es ist nicht der Rede wert – oder wenn doch, dann in einer sehr abschätzigen Rede. Er hält seine Geschwister für sehr neidisch, und er träumt oft von Menschen, die er als neidisch bezeichnet. Er selber hält sich nicht für neidisch, zeigt aber das Verhalten, das Neid maskiert. Er hasst alles, was ein wenig außergewöhnlich ist, er hasst freudige Menschen, er hasst alles Neue, wenn es nicht von ihm kommt.

Es ist aber außerordentlich schwierig, den Neid anzusprechen, weil das meistens viel Scham auslöst, die bei Menschen mit einer Selbstwertproblematik zu Wutausbrüchen oder zu einem Rückzug aus der Beziehung führen kann. Ertappt man sie beim Neid, ertappt man sie in ihrem Schatten, und das können sie auf keinen Fall ertragen.

Der Neid ist das Gefühl, das uns daran erinnert, dass wir auch ein anderer oder eine andere sein könnten. Neiden wir, dann stellt sich uns die Frage, ob wir genug aus unserem Leben machen oder ob das, was wir beneiden, ebenso als Herausforderung verstanden werden könnte, andere Aspekte unserer Persönlichkeit auch zu verwirklichen. Der Neid kann uns andererseits aber auch darauf hinweisen, dass unser Selbstbild revidiert werden muss, dass unser Selbstbild und die Möglichkeiten der Selbstverwirklichung in unserem Leben nicht miteinander übereinstimmen, also neu aufeinander abgestimmt werden müssen. Gelingt es, Neid in kleineren Dosen zuzulassen und ihn in seiner Aufforderung zu verstehen, kann das Selbstbild verändert und das Selbstwertgefühl verbessert werden. Dahin ist aber oft ein weiter Weg. Viel eher ist es so, dass Neiderreger und Neiderregerinnen »zerstört« werden müssen. Wer Neid erregt, muss aus dem Weg geschafft werden oder sichtbar überflügelt werden. Wer neidet, sieht den Neiderreger oder die Neiderregerin als vom Schicksal bevorzugt. Die große Mutter hat mit einem Füllhorn alle ersehnten Eigenschaften über diese Menschen ausgegossen, der Neider, die Neiderin ist zu kurz gekommen – und das ist ungerecht. Noch ungerechter aber ist, dass sie sich im Griff eines Dämons fühlen, einer inneren Instanz, die unerbittlich von ihnen verlangt, mindestens so viel wie der Beneidete zu haben, zu schaffen, zu sein, auch wenn er oder sie ganz andere Voraussetzungen hat. Neiden zu müssen ist ein außerordentlich qualvoller Zustand. Um gönnen zu können, braucht es zunächst das Wissen darum, dass der andere Mensch ein anderer ist, mit einem anderen Schicksal, mit anderen Aufgaben. Und dann gehört weiter dazu, dass man sich selber akzeptiert, mit den eigenen Möglichkeiten, Schwierigkeiten und Aufgaben. Solange das nicht möglich ist, muss der Neider den Neiderreger oder die Neiderregerin auf irgendeine Weise »zerstören«, zumindest hassen.

Nach der Theorie des Neides würde man Karl unter die aggressionsgehemmten destruktiven Neider einreihen. Das sind die Neider, die gar nicht zur Kenntnis nehmen, dass ein anderer Mensch etwas Besonderes geschaffen hat. Sie benehmen sich, als wäre einfach überhaupt nichts geschehen. Bei Menschen mit einer narzisstischen Problematik, die vor allem sich selber wahrnehmen und den anderen Menschen, das Du, die Welt, aber vielleicht auch das Andere im Sinne von etwas Größerem, das Menschen umfängt, nicht zur Verfügung haben, leuchtet dieser Umgang mit Neid ein. Für die Neiderreger oder die Neiderregerin ist dieses Verhalten allerdings äußerst kränkend und wird als destruktiv erlebt.

Der Neid zeigt uns, dass wir mit uns nicht einverstanden sind, dass wir aber auch mit dem Leben nicht einverstanden sind. Wir sind nicht nur nicht versöhnt mit den anderen Menschen, sondern auch unversöhnt mit uns und mit dem Leben an sich.

Das Ressentiment besteht geradezu darin, dass man davon ausgeht, dass es die anderen besser haben als man selbst und dass das im hohen Maße ungerecht ist. Bloß Gerechtigkeit schaffen, das schafft man nicht. Neid und Ressentiments vergiften Beziehungen: Was gut sein und einem das Leben erleichtern könnte, wird nur unter dem schlechten Aspekt wahrgenommen. Und schuld ist natürlich der andere, schuld ist das Leben.

Der uneingestandene Neid ist das Hindernis, um sich mit einem anderen Menschen zu versöhnen. Es ist die Destruktion, der Hass, unbenannt zwischen den Kontrahenten stehend, die die Empathie vereiteln, die notwendig wäre, um sich zu versöhnen. Und obwohl dieser Neid verdrängt oder abgespalten wird, dem bewussten Handeln wenig zugänglich, legt sich über jeden Konflikt, der Neid auslöst, eine Atmosphäre des Neides. Dadurch kann auch der Konflikt nicht wirklich erkannt werden.

Die Auseinandersetzung mit dem Ressentiment

Unter einem Ressentiment zu leiden, ist eine große Herausforderung an die Bereitschaft sich zu entwickeln.

Wenn man will, wenn man wollen kann, kann man an der Komplexepisode, die hinter dem Ressentiment steht, arbeiten, sich davon befreien, sie zumindest verändern. Damit bekäme dann auch die Vergangenheit ihren richtigen Platz. Wenn wir von einer bedeutenden Komplexepisode bestimmt sind, bleiben wir der Vergangenheit verhaftet, bleiben auch in der Opferposition der Vergangenheit – und wir bleiben unversöhnlich. Unversöhnlich zu sein heißt auch, der Vergangenheit verhaftet und nicht mehr offen für die Zukunft zu sein.

Das Arbeiten an der Komplexepisode

Karl hat Geschichten erzählt, die den Kern seines Ressentiments ausmachen. Für ihn ist die Geschichte, in der er nicht dazu kam, etwas zu erzählen und brutal weggeschickt wurde, wichtiger als die Geschichte, in der er vergessen wurde.

Er kann sich leicht in das Kind von damals einfühlen, wie es in seiner Geschichte auftaucht, das dringend etwas erzählen möchte, das nicht schafft, und mit Verachtung bestraft wird. So fühlt er sich jetzt fast ständig, denn »alle« behandeln ihn mit Verachtung. Eine Komplexepisode wird aber als Ganze verinnerlicht: Nicht nur der Kindpol der Komplexepisode, sondern auch der Pol des Angreifers spielt eine Rolle in unserer Psyche. Was der Angreifer in unserer Fantasie sagt, das sagen wir uns selber oft, wenn wir mit uns nicht zufrieden sind. Auch Karl sagt sich gelegentlich, er sei eigentlich eine Enttäuschung, fügt dann aber gleich an, dass die anderen schuld daran sind. Insgeheim ist er überzeugt davon, eine Enttäuschung zu sein. Er hat auch ein Ressentiment gegen sich selbst. Er ist aber auch identifiziert mit dem Angreifer seiner Komplexepisode: Anderen Menschen gegenüber ist er extrem abwertend, voll Hass und voll Verachtung. Er verachtet, um nicht neiden zu müssen.

Indem man eine Komplexepisode erzählt, wird eine Erfahrung, die einem unter die Haut gegangen ist und die immer noch prägt, in eine emotionale Geschichte eingebettet, die mit einem anderen Menschen geteilt werden kann. Gerade durch das Erzählen kann sie neue Assoziationen auslösen, das heißt, neue Gesichtspunkte einbringen und neue emotionale Erfahrungen ermöglichen.

Indem man sich in den Kindpol einfühlt, sich imaginativ in diesen zurückversetzt, erlebt man noch einmal, wie man sich als Kind in diesen speziellen Situationen gefühlt hat. Indem man sich in den Erwachsenenpol einfühlt, der sonst meistens in der Projektion bleibt, findet man heraus, wo man selber mit diesem Angreifer oder dieser Angreiferin identifiziert ist. Sowohl das Verhalten, das im Kindpol ausgedrückt ist, als auch das Verhalten, das im Erwachsenenpol ausgedrückt ist, muss geopfert werden. Im konkreten Alltag muss man sich das entsprechende Verhalten, wenn es einem zum Bewusstsein kommt, versagen. Das kann man leichter, wenn man sich klar macht, in welchen Situationen man besonders gefährdet ist, in dieses Verhalten zu fallen, in welchen Situationen der Komplex sich konstelliert. Dann weiß man, wann man auf sich aufpassen muss. Gelingt es, dieses Verhalten zu kontrollieren, dann besteht das Leben nicht mehr aus Opfern und Angreifern, und man kann das Leben gestalten. Um das zu können, muss man sich in den Angreifer oder in die Angreiferin hineindenken und hineinfühlen können. Indem man sich imaginativ mit dieser Gestalt identifiziert, kann eine erste Einfühlung gelingen. Wie hätte ich dem Kind gegenüber, das ich damals gewesen bin, reagiert? Was hätte ich gefühlt, wenn ein Kind mir etwas erzählen will und es kommt einfach nicht zu Potte. Natürlich hätte ich ganz anders reagiert – liebevoller. Aber gäbe es vielleicht eine Situation, in der ich auch so reagiert hätte wie der Vater? Akzeptiert man, dass man die ganze Komplexepisode verinnerlicht hat, und identifiziert man sich auch nur probeweise mit dem Angreifer oder der Angreiferin des Komplexes, so muss man zugeben, dass man selber auch solche Schattenanteile hat, die man zuvor nur auf diese Angreifer projiziert hat. Gewiss, man ist nicht durch und durch identisch mit diesen Angreifern, aber man hat auch Aspekte davon im alltäglichen Verhalten, und das beschämt ungemein.

In den Komplexepisoden zeigen sich Beziehungsmuster, die schwierige emotionale Verstrickungen auslösen, die nicht so einfach gelöst werden können und die dysfunktional wirken. In den Komplexepisoden zeigen sich auch Entwicklungsthemen, die durch diese schwierigen Beziehungserfahrungen gebremst worden sind, Lebensthemen, die zu verwirklichen die Überzeugung vermitteln, ein sinnvolles Leben zu leben, die eigenen Wünsche auch umsetzen zu können im konkreten Leben. »Warte nur, bis ich groß bin«, ist ein eng geführtes Lebensthema, das die Verhinderung kompensiert. Wer sich unbewusst ein derartiges Lebensthema wählt, muss immer wieder zeigen, dass er oder sie groß ist, und dieses Defizit, das angesprochen worden ist, kompensieren muss. Das ist anstrengend und einengend. Den Ansatz von einem Lebensthema erkennt man an der Komplexepisode.

Carla hätte gewollt, dass ihr Vater ihre Vision vom Gymnasium und damit die Idee, dass ihr viele Berufe offen stehen würden, sie in einer faszinierenden Welt der Bildung ihren Beruf auswählen könnte, unterstützt hätte und sie in ihrem Versuch, sich selber als intelligent und mutig zu positionieren, bestärkt hätte. Er tat das nicht, er tat das Gegenteil: Er verhöhnte sie in ihrem Wunsch. Das Lebensthema, sich in verschiedenen sie interessierenden Gebieten ausprobieren zu dürfen, sich zu erproben, ein so gutes Selbstwertgefühl zu gewinnen, dass sie sich etwas zutrauen konnte, wurde in der Beziehung zum Vater eingefroren. In der Beziehung zu ihrem Mann wurde es zunächst wiederholt und dann, unter anderem auch durch die Therapie, befreit. Carla konnte auch innerlich wieder die Verbindung herstellen zu dem jungen Mädchen, das sich eigentlich recht viel zugetraut hatte, das mit dem

Besuch des Gymnasiums die Vision verband, einmal etwas ganz Besonderes in seinem Leben zu schaffen. Mit der Verbindung zu diesem Mädchen, das in ihrer Erinnerung kraftvoll war, verband sie sich wieder dieser Kraft, aber auch diesem Wunsch, noch einmal etwas Besonderes in ihrem Leben zu schaffen. Das Besondere, das sie anstrebt, ist nichts Grandioses. Sie möchte die eigenen Fähigkeiten ausschöpfen und etwas schaffen, das deutlich ihre Handschrift trägt.

Carla und Karl, beide möchten, dass ihre noch lebenden Väter einsehen, dass sie den Kindern Unrecht getan haben. Sie möchten, dass sich die Väter bei ihnen entschuldigen. Die Idee, dass auch sie ihren Vätern Verzeihung anbieten könnten, ohne dabei zu verwässern, was ihnen angetan worden ist, weil die Väter wohl auch nicht einfach aus Boshaftigkeit so gehandelt haben, wie sie gehandelt haben, weisen beide noch weit von sich. Wenn es für sie möglich wäre, von sich aus zu verzeihen, auch wenn ihre Väter dazu nicht bereit sind, könnten sie sich damit aus der Passivität der Opferrolle befreien. Es gäbe ihnen Freiheit und Würde und würde darüber hinaus auch zeigen, dass sie die Komplexepisode wirklich verarbeitet haben. Aber es wäre nicht richtig, von außen diesen Gedanken an die beiden heranzutragen.

Bei der einen Komplexepisode, an die Karl sich erinnerte, ging es darum, dass er eine Geschichte erzählen und gehört werden wollte. Das ist ihm erst in der Psychotherapie gelungen. Er möchte wirklich Geschichten erzählen. Er schreibt auch Geschichten, aber niemand will diese Geschichten lesen, die von verschiedenen Ressentiments handeln. Er möchte mit Geschichten bei den anderen Menschen ankommen. Er wählt Geschichten von Dichtern und liest sie in seiner Freizeit Menschen im Altersheim vor. Das gibt ihm ein erstes Gefühl von Ankommen, von Dazugehören, und damit auch von sinnvollem Leben.

Wenn wir das Lebensthema, das mit dem Komplexthema verbunden ist, nicht aus den Augen verlieren, können die Konflikte und die damit verbundenen Identifikationen leichter angesprochen werden. Es ist auch etwas einfacher, den eigenen Schatten zu sehen und zu akzeptieren, wenn man gleichzeitig spürt, dass man auch Energien hat für das Verfolgen eines wichtigen Grundbedürfnisses im eigenen Leben jenseits des Ressentiments, und dass dieses Lebensthema einem auch wiederum viele Energien gibt.

Das Selbstwertgefühl stützen

Man kann auch grundsätzlich daran arbeiten, das Selbstwertgefühl zu stabilisieren und zu verbessern. Das wird man in einer Therapie machen, wenn die Konfrontation mit den Komplexepisoden zu schmerzhaft ist.

Wenn es uns gelingt, unser Selbstwertgefühl immer wieder zu stabilisieren – besonders auch in Anbetracht der Konfliktsituation, die uns unversöhnlich gemacht hat, die bewirkt hat, dass wir in einem Ressentiment uns selber, aber auch die Atmosphäre um uns herum vergiften –, dann können wir uns eher aus der Falle unserer hinter dem Ressentiment stehenden Komplexepisode befreien, und nur dann können wir die Versöhnung anbieten.

Man wird sich allerdings, wenn man an den Komplexepisoden arbeitet, immer auch auf die Ressourcen eines Menschen beziehen und seine Stärken, seine Kompetenzen betonen. Ohne die Betonung der Ressourcen ist die Konfrontation mit den Komplexepisoden zu angstauslösend und löst zu viel Abwehr aus. Gerade auch der Hinweis auf die Lebensthemen, die in den Komplexepisoden »gebunden« sind, ermöglicht einen neugierigen und hoffnungsvollen Blick auf diese Konfliktzentren.

Gelingt es an einer Komplexepisode, die ein Ressentiment bewirkt hat, so zu arbeiten, dass eine Versöhnung mit sich, mit der Geschichte, mit der auslösenden Person eintritt, so wird auch die Isolierung, in die das Ressentiment geführt hat, ein wenig aufgelöst.

Sind wir in einem Ressentiment befangen, dann befinden wir uns in einer Isolierung. Bewusst erleben wir uns in unseren uns gerecht erscheinenden Rachefantasien als omnipotent. Diese Rachefantasien werden nicht in die Tat umgesetzt, helfen aber auch nicht, das Selbstbewusstsein wiederherzustellen. Zwar vermeintlich selbstwirksam – wenn sie nur wollten! – sind sie gerade überhaupt nicht selbstwirksam und können nichts verändern. Das ist meistens Anlass zu großer Scham.

Aus dieser Isolierung kann man herausfinden, wenn man über das eigene Ressentiment trauert. Trauert man darüber, dass man nicht nur so ist, wie man gern sein möchte, so kann man wohlwollender mit sich selber sein, auch im Betrachten dieser etwas verschatteten Seiten. Dann wird es auch möglich, dass man die besseren Seiten wahrnimmt, die man auch hat. Aus einem Ressentiment kann man herausfinden, wenn man sich darauf besinnen kann, dass man nicht nur rächende Anteile in sich hat, sondern auch liebende. Das öffnet wieder den Weg zu den anderen Menschen, zur Kooperation mit ihnen, zum Involviertsein.

Das Sehen und Anerkennen von liebenden, wohlwollenden Seiten an sich selbst, ein Gegengewicht gegen die rächenden, die Erfahrung, dass nicht alle Beziehungsangebote so sind, wie die ursprünglichen Komplexepisoden es fürchten lassen, kann in einer Psychotherapie geschehen. Hier wird an den Komplexepisoden gearbeitet und es wird gleichzeitig eine neue Beziehungserfahrung möglich, vermittelt durch einen Menschen, der nicht verachtet, sondern die Ressourcen sieht.

Sich aussöhnen mit dem schwierigen Schicksal

Es kann gelingen, sich mit einem sehr schwierigen Schicksal auszusöhnen, so dass kein Ressentiment entsteht.

Es gibt Situationen, in denen man sich nicht mit der Art des Todes abfinden kann, etwa bei einem gewaltsamen Tod durch einen anderen Menschen.

Ein Mensch, unter großem Druck stehend, erschießt viele Menschen der Regierung eines Kantons in der Schweiz, andere werden schwer verletzt. Der Täter richtet sich selbst, kann also nicht um Verzeihung bitten. Versöhnung wäre einfacher, wenn um Verzeihung gebeten würde.

Mit dem Täter kann man sich nicht mehr versöhnen. Er ist tot. Und wahrscheinlich würde man sich nicht mit ihm versöhnen, auch wenn er leben würde. Man wird sich nicht mit jedem Menschen versöhnen, aber man müsste davon wegkommen, ihn zu hassen. Der Hass bindet. Ein Problem kann darin bestehen, dass man nicht wirklich in die Gefühle der Trauer hineinfindet – und das sieht von außen so aus, als würde man nicht aus der zweiten Phase der Trauer herausfinden. Man bleibt im Groll gegenüber diesem Mörder stecken: Das ist eine seltsam unvitale Wut. In der Wut stecken bleiben kann man nur, wenn man sie nicht wirklich zulassen kann. Man bleibt dann in einem Groll dem Leben gegenüber befangen. Man ist ein Opfer des Lebens, man bleibt ein Opfer des Lebens. Man hat ein Ressentiment – auch dem Leben gegenüber. Was ist dem Leben bloß eingefallen, einen dermaßen zu beeinträchtigen!

Wie könnte man diesen Groll opfern? Man müsste wahrnehmen, dass man als grollender Mensch auch ein Angreifer/ eine Angreiferin ist, dass man selbst auch aggressiv ist, ein lebendiger Vorwurf den anderen Menschen gegenüber, denen insgeheim vorgeworfen wird, nichts gegen dieses Schicksal unternommen zu haben. Vor allem aber ist man sich selbst gegenüber aggressiv: Man hält die Zeit fest, man lässt die Zeit nicht verstreichen, die Vergangenheit hat die Gegenwart unheilvoll im Griff. In solch einer Situation, in der man einen geliebten Menschen durch einen Amokschützen verloren hat, löst man sich nicht von dem Bild des wütend schießenden Menschen. Das heißt, man lässt andere, neue Bilder gar nicht zu. Denkt man mit Groll an ihn, dann bleibt man eigentlich ein Opfer, wird den Rest des Lebens als Opfer verbringen müssen, was eine große Beeinträchtigung ist. Vielleicht gelingt es, sich damit zu versöhnen, dass so etwas geschehen kann im Leben, dass Menschen so sein können und dass wir alles dafür tun müssen, um das zu verhindern.

Man versucht dann zu verstehen: Der Täter ist ein Mensch, der große Schwierigkeiten hatte. Aber solch eine Tat ist nie wirklich zu verstehen. Es bleibt das Ungeheuerliche, da bleibt Unverstandenes, das wir hinnehmen müssen. Ein Denkmal zum Gedenken an das Schreckliche hat dabei eine große Bedeutung: Im Denkmal kann das Unverstandene, das Unerhörte Gestalt bekommen, im Denkmal kann man es aus der eigenen Psyche hinausverlagern in etwas Sichtbares, das immer wieder daran erinnert. Bei sich und für sich kann man es vielleicht nicht lösen, aber im gemeinsamen Gedenken und im Versprechen, das das Denkmal verdeutlicht – dass man daran denken wird, dass man es nicht vergessen wird –, kann man sich dem Leben wieder zuwenden und wieder andere, neue Erfahrungen machen.

Mit dem Denkmal bringt man zum Ausdruck, dass es eine unglaubliche Tat war, dass unglaubliches Leid geschehen ist, dass man sich aber trotzdem wieder dem Leben zuwenden will.

Es hat nicht nur den Einzelnen getroffen, es hat viele getroffen. Man muss miteinander etwas tragen, man kann miteinander etwas tragen, das mag helfen. Das ist der kollektive Aspekt des Trauerprozesses, parallel dazu wird aber auch der jeweils individuelle Verlust betrauert.

Es bleibt die unerhörte Aufgabe, sich mit der Condition Humaine des Menschen einverstanden zu erklären – sich zu versöhnen. Auch wenn man diese akzeptiert, das Leben hört nicht auf, auch ungeheuerlich zu sein – und wir Menschen sind von einer großen Verletzlichkeit. Der Gewalt steht unsere große Verletzlichkeit gegenüber, und die müssen wir wohl in die eigene Verantwortung nehmen. Das ist einfach so. Können wir diesen Aspekt des Lebens nicht akzeptieren und gleichzeitig als Problem sehen, so hassen wir die Gewalt und unsere Verletzlichkeit. Wir werden uns nicht damit auseinander setzen und uns als Opfer des Lebens fühlen. Und dann wird immer mehr Gewalt geschehen, denn in jedem Opfer steckt auch ein potenzieller Angreifer. Nicht Opfer, nicht Aggressor wäre der Ausweg, sondern Menschen, die verantwortlich miteinander das Leben mit all seinen Ungeheuerlichkeiten gestalten.

Versöhnung durch einen Traum

Gelegentlich wird man auch versöhnlich gestimmt durch einen Traum. Manchmal zeigt sich das Schicksal, mit dem man sich versöhnen muss, in einer aktuellen schwierigen Lebenssituation, die leichter zu bewältigen ist, wenn man in sie einwilligt. Bewältigen muss man sie ja allemal.

Eine 37jährige Träumerin, Esther, hat vier Kinder, das Jüngste ist gerade ein Jahr alt geworden. Ihr Mann hat sich vor zwei Jahren selbstständig gemacht und ist vor einem Monat an einer lebensbedrohlichen Krankheit erkrankt. Esther ist voller Sorgen, sie weiß nicht, wo »ihr der Kopf steht«. Sie versucht, neben der Hausarbeit und den Besuchen bei ihrem Mann im Spital das Geschäft, einen Handwerksbetrieb, mit einem Arbeiter zu organisieren. Sie macht sich Sorgen um ihren Mann, ihre Familie, ihre Zukunft. Ihr Vater, der ihr normalerweise viel Arbeit abnimmt, hat sich gerade einen Knöchel gebrochen.

Esther sagt, sie sei mit Ängsten und Sorgen, aber auch mit einem Gefühl der Auflehnung gegen das Schicksal zu Bett gegangen, habe sich müde und erschöpft gefühlt, und dann hatte sie einen Traum, der ihr Lebensgefühl total veränderte:

»Ich weiß, dass ich auf einen Baum klettern muss. Eine gebieterische Stimme sagt das. Ich klettere also auf den Baum, ich bin erstaunt, wie gut ich das noch kann. Oben angekommen heißt es: Jetzt schweben! Ich breite meine Arme aus und mache Flugbewegungen. Schweben!, heißt es erneut. Ich wage zu schweben. Die Luft trägt, ich erinnere mich daran, dass ich das als Kind schon konnte. Ich werde immer mutiger, ich werde immer mehr in die Höhe getragen. Jemand hält mich an der Hand. Es scheint eine Frau zu sein, aber wenn ich hinschaue, sehe ich nur fließende Bewegungen, wie wenn die Frau mit bläulichen Schleiern bekleidet wäre. Dann sehe ich wieder überhaupt nichts, spüre nur eine sichere Hand, die dennoch nicht allzu hart zugreift. Ich fühle mich total frei – und doch gehalten. Es ist ein wunderschönes Lebensgefühl, ich bin total begeistert. Ich will nicht erwachen, erwache aber, weil eines der Kinder ruft.«

Dieser Traum, so die Träumerin, habe ihr Lebensgefühl verändert: Das Gefühl von Freiheit, von Begeisterung sei noch lange zurückgeblieben, und sie könne sich auch immer wieder in diesen Traum hineinfühlen. Der Traum habe sie darauf hingewiesen, dass das Leben nicht nur aus den Schwierigkeiten besteht, mit denen sie sich im Moment herumschlage. Natürlich gebe es die Ebene der Windeln, der Krankheit, jedoch immer auch noch die »vertikale Ebene«: Freiheit, Leichtigkeit, Gehaltensein, Vertrauen – und einfach viel Freude. Diese Gefühlskomponente war Esther sehr wichtig. Sie sagte nicht, dass der Traum sie ausgesöhnt habe mit ihren Schwierigkeiten, aber sie sagte: »Wenn ich diese Seite in mir spüre, dann kann ich mit den Schwierigkeiten umgehen. Ich bin ja nicht die Einzige in der Welt, die es schwer hat.«

Das ist ein wichtiger Aspekt im Umgang mit Lebenssituationen, in denen man mit dem Schicksal hadert. Man hat in solchen Situationen die Tendenz, nur das zu sehen, was schwierig ist, aber nicht mehr das, was auch noch vorhanden ist, was uns Freude macht und uns mit Dankbarkeit erfüllt. Beim Ressentiment ist diese Haltung verabsolutiert und generalisiert.

Der Anstoß, auch andere Aspekte des Lebens zu sehen, was in der aktuellen Situation von Esther wirklich nicht einfach war, kam aus dem Traum. Der Traum kompensierte ihre Stimmung, die sie vor dem Einschlafen hatte, vor allem aber öffnete er wieder den Weg zu Vertrauen, zu Hoffnung, zu Freude.

Beim Nachdenken über den Traum wunderte sich Esther, dass sie auf einen Baum klettern musste, etwas, das sie nur in ihrer Kindheit getan hatte, damals aber mit großem Vergnügen und großer Kletterfähigkeit. Damals war sie auf Bäume geklettert, wenn sie allein sein wollte, wenn sie ungestört träumen wollte. »Ich war dann ein wenig über der Realität.« Und genau das soll sie auch machen: Sich ein wenig über die Realität erheben, sich an eine Ressource erinnern, die noch aus ihrer Kindheit stammt. Es war weniger der Überblick, den man von einem Baum herunter haben könnte, es ging darum, eine neue Ebene zu finden. Die gebieterische Stimme ließ auch keinen Widerspruch zu: »Es war einfach unumgänglich, dass ich auf diesen Baum klettern musste.«

Bäume haben eine weit verzweigte Symbolik, auf die ich hier nicht eingehen will. Der Baum verbindet die Erde mit dem Himmel, wurzelt in der Erde – und wächst in die Höhe. Die Verbindung von Erde und Himmel, dem Horizontalen und dem Vertikalen sind im Symbol des Baumes ausgedrückt, ein Symbol, das oft auch für den Menschen steht in seinem Wachsen durch wechselnde »Jahreszeiten« und Umwelteinflüsse hindurch. Dabei ist die Vertikale, die uns mit der Höhe, dem Himmel, einem luftigeren Lebensgefühl verbindet, in diesem Traum zunächst betont. Deshalb kann die Träumerin auch sagen, dass der Traum ihr deutlich macht, dass noch eine andere Ebene als die Ebene der »Windeln« existiert, der alltäglichen Arbeit, die einfach gemacht werden muss.

Aber nicht genug, dass sie auf eine höhere Ebene gehen soll, sie soll auch schweben und dann fliegen. Esther ist eines der Kinder, die fliegen konnte. Sie wusste einfach, sie konnte fliegen: Wenn es zu schwierig wurde, wenn sie verfolgt werden würde, all das ängstigte sie nicht besonders, denn sie konnte ja wegfliegen. Das durfte sie nur nicht den Erwachsenen sagen, sonst redeten sie ihr das aus, es sei ein Hirngespinst. Aber andere Kinder konnten auch fliegen, und sie konnte fliegen, und sie fand das wunderbar. Sie war ein fantasievolles Kind. Sie konnte auch in den Träumen fliegen, stellte aber fest, dass sie schon sehr lange nicht mehr geflogen war im Traum. Fliegen im Traum verband sie mit größter Freiheit, da jauchzte sie. Am Morgen nach einem Flugtraum fühlte sie sich immer voll Energie, vorausgesetzt, sie konnte irgendwie gut landen. Das Landen war in diesem Traum kein Problem.

Die leichte Berührung ihrer geheimnisvollen Begleiterin beschäftigte Esther sehr: der Widerspruch, gehalten zu sein und sich dennoch ganz frei zu fühlen. Sie machte sich viele Gedanken über diese »Geistfrau« oder diese »Luftfrau«, wie sie sie nannte. Esther verstand diese Gestalt als eine spirituelle Helferin aus einem überirdischen Bereich. Auf jeden Fall gibt es diese Kraft in der Psyche der Träumerin, von der sie bis jetzt keine Ahnung hatte. Innere helfende Gestalten tauchen oft auf in Träumen und Fantasien, wenn es uns wirklich sehr schlecht geht. Hier ist es eine Gestalt, die sie begleitet in der Freiheit, und ihr aber trotzdem das Gefühl gibt, gehalten zu sein. Diese geheimnisvollen Gestalten in den Träumen wecken die Fantasie. Würde man sie zu rasch bestimmen als einen psychischen Inhalt, dem man einen Namen gibt, dann würde man gerade diesen Fantasieprozess, dieses sich immer wieder Beschäftigen mit dieser Gestalt abschneiden. Das sich immer wieder Beschäftigen mit dieser Gestalt aber bringt die Träumerin immer wieder in Kontakt mit diesem Lebensgefühl von Gehaltensein und Freisein und mit den Gefühlen der Inspiration.

Der Traum behielt über längere Zeit seine Wirkung: Wann immer die Verzweiflung übermächtig werden wollte, erinnerte sie sich bewusst an diese Traumbilder. Natürlich verändert sich auch die emotionale Botschaft, die ein Traum mit sich bringt. Lange blieb der Eindruck, dass das Leben offen ist. Gerade wenn Mitmenschen ihr die unvermeidlich scheinende Katastrophe voraussagten, beharrte sie darauf, dass das Leben »offen« sei und es immer auch möglich sei, dass sich eine Lebenssituation wieder öffne. Sie weigerte sich, ihre Zukunft nur unter dem Aspekt der Katastrophe zu sehen. Diese hatte sie zwar durchaus auch im Blick als die schlechteste Möglichkeit – aber sogar dann, sagte sie, wird es Bäume geben, auf die ich klettern kann.

Auch wenn es nicht um die große Versöhnung mit einem schweren Schicksal geht, sondern darum, sich nicht von den Schwierigkeiten einer Situation niederdrücken zu lassen und mutlos zu werden – es gelingt dann, wenn wir unsere Ressourcen aktivieren können. Und es geht natürlich viel leichter bei Menschen, die es sich angewöhnt haben, das Leben mit zwei Augen zu betrachten: den Ärger und die Dankbarkeit, die Trauer und die Freude, den Verlust und den Gewinn.

Selbstermächtigung durch Abschied von der Opferrolle

Wenn Mitmenschen uns dazu bringen, uns über sie zu ärgern, wenn sich dieser Ärger so richtig hineinfrisst in unser Leben, dann geben wir den Angreifern und Angreiferinnen große Macht, eine Macht, die ihnen nicht zusteht. Sie beschäftigen unsere Fantasie in einem hohen Maße, wir fühlen uns besetzt, nicht mehr frei – auch nicht mehr frei für die erfreulicheren Aspekte des Lebens. Wir fühlen uns als Opfer. Solange wir nicht verzeihen können, uns nicht versöhnen können, so lange bleiben wir Opfer. Im Zusammenhang mit einer Komplexepisode darüber hinaus noch in der Rolle des angegriffenen Kindes, unbewusst möglicherweise in der Identifikation des Angreifers oder der Angreiferin. Wir sind unversöhnt, leiden unter einem Ressentiment und wir sind die Opfer unserer Kindheit, das Opfer anderer Menschen, das Opfer von Menschen, die uns ungebührlich angreifen. Wenn wir in der Opferposition sind, dann fühlen wir uns unfrei, haben ein schlechteres Selbstwertgefühl, verlieren möglicherweise unsere Würde. Die Erfahrung von Selbstwirksamkeit, die Überzeugung, unser Leben gestalten zu können, etwas zu bewirken in unserem Leben und im Zusammenleben mit unseren Mitmenschen, trotz aller Umstände, ist ein Grundbedürfnis des Menschen. Verzeihen wir einem anderen Menschen, dann begeben wir uns aus der Opferrolle, geben dem anderen Menschen etwas – und gewinnen unsere Würde zurück. Zu verzeihen oder gar zu versöhnen, wenn das möglich ist, ist eine Art der Selbstautorisation: Ich ermächtige mich selber, aus der Opferrolle auszusteigen. Wir ermächtigen uns selber, die Situation und damit auch die Beziehung, neu zu bewerten, sie neu zu gestalten. Der Abschied von der Opferrolle gelingt uns, wenn wir einsehen, dass wir nie nur Opfer, sondern immer auch Täter sind. Dann kann es uns gelingen, dass wir uns sowohl über die Opfer als auch über die Täterrolle erheben und das Angebot machen, trotz allem wieder neu miteinander das Leben zu gestalten. Zu verzeihen, anzubieten sich zu versöhnen, gibt Würde zurück, die durch den Angriff beschädigt worden ist. Wir ziehen uns aus der Dynamik von Opfer und Aggressor heraus, lassen die Sache gut sein und wenden uns wieder neu dem Leben zu.

Symbole der Versöhnung

Das bekannteste Symbol der Versöhnung ist die Umarmung. Wir bedauern, betrauern – und verbinden uns neu, zumindest von gleich zu gleich, vielleicht in Freundschaft. Ein »Wir« ist wiederum möglich. Man kann die Versöhnung feiern und sie damit als etwas Besonderes markieren, etwas, das sich aus dem Alltag heraushebt. Man freut sich, dass man wieder miteinander ist, dass der Zwist aus der Welt geschafft worden ist, dass man sich mit diesem Menschen wieder sicher fühlen kann.

Auch die Brücke kann ein Symbol für Versöhnung sein. Eine Brücke verbindet zwei einander entgegenstehende Seiten. An einer Brücke baut man längere Zeit, und auch wenn die Verbindung entstanden ist, wenn man eine Brücke geschlagen hat zwischen den Kontrahenten, so ist noch nicht gesagt, dass die Brücke auch benutzt wird.

Der Regenbogen ist ein archetypisches Symbol für Hoffnung, anstelle von Schwere und Depression. Alle Farben strahlen wieder anstelle des Graus des Regens. Versöhnung verspricht, gespiegelt in diesem Symbol, Leben in der ganzen Farbigkeit der Emotionen. Der ganze Reichtum der Emotionen ist wieder zugänglich, das Leben kann – in viele verschiedene Farben getaucht – wieder erlebt werden. Der Regenbogen verbindet und versöhnt Himmel und Erde miteinander. Es geht die Sage, man könne einen Schatz an dem Ort finden, wo der Regenbogen auf die Erde auftrifft: Die Versöhnung weist auf Glück und Reichtum hin, vorausgesetzt man findet je diesen Ort, wo der Regenbogen auf den Boden trifft. Da hilft die Hoffnung – und ohne Hoffnung auf das Bessere, die uns Menschen auch noch in ziemlich hoffnungslosen Situationen auszeichnet, würden wir uns Versöhnung nicht vorstellen können.

Bibliografische Information der Deutschen Bibliothek
Die Deutsche Bibliothek verzeichnet diese Publikation in der Deutschen Nationalbibliografie; detaillierte bibliografische Daten sind im Internet über http://dnb.ddb.de abrufbar.

Postfach 80 06 69, 70506 Stuttgart

www.kreuzverlag.de

Umschlaggestaltung: P.S. Petry & Schwamb, Agentur für Marketing und Verlagsdienstleistungen, Freiburg
Umschlagbild: © mauritius images/age fotostock
Satz: de·te·pe, Aalen
Druck: GGP Media GmbH, Pößneck

ISBN 978-3-7831-2976-2